SV

Sonderdruck
edition suhrkamp

Jan-Werner Müller

Furcht und Freiheit

Für einen anderen Liberalismus

Suhrkamp

2. Auflage 2019

Erste Auflage 2019
edition suhrkamp
Sonderdruck
Originalausgabe

Satz: Satz-Offizin Hümmer GmbH, Waldbüttelbrunn
Druck: CPI – Ebner & Spiegel, Ulm
Umschlag gestaltet nach einem Konzept
von Willy Fleckhaus: Rolf Staudt
Printed in Germany
ISBN 978-3-518-07513-5

Inhalt

Dem Andenken Tony Judts,
und für Hubertus, gelebte Liberalität

Wenn ich sagen soll, was mir neben Frieden wichtiger sei als alles andere, dann lautet meine Antwort ohne Wenn und Aber: Freiheit. Die Freiheit für viele, nicht nur für die wenigen. Freiheit des Gewissens und der Meinung. Auch Freiheit von Not und Furcht.

Willy Brandt, 1987

I'll tell you what freedom is to me. No fear. I mean really no fear. If I could have that half of my life. No fear. [...] That's not all of it. But it is something to really, really feel.

Nina Simone, 1968

Start: Zwischen Selbstgefälligkeit und Selbstkasteiung

Gegen Ende der zweiten Dekade des 21. Jahrhunderts gab Wladimir Putin in einer britischen Tageszeitung zu Protokoll: »Die liberale Idee hat sich überholt.«[1] Neu sind solche kategorischen Aussagen nicht. Aber dass ein weltpolitischer Akteur eine derartige ideenpolitische Diagnose mit ostentativer Genugtuung verkündete – das hatte es so nach dem Ende des Kalten Krieges noch nicht gegeben.[2] Über die erwartbare Empörung in westlichen Hauptstädten machte sich die russische Botschaft in London dann mit einem Tweet lustig; in diesem wurde die Öffentlichkeit aufgefordert, über folgende Frage abzustimmen: »Wie kann man am besten beweisen, dass der Liberalismus noch am Leben ist?« Die möglichen Antworten lauteten: »Verlasse die EU« und »Bleibe in der EU«. Und dann gab es noch eine dritte Option: »Der Liberalismus ist tot.«[3]

Der Liberalismus steht bekanntlich weltweit unter Druck, und zwar scheinbar von *oben* und von *unten*. Wie das, was da Druck ausübt, genannt werden soll, ist umstritten. Populismus? Autoritarismus? Ein kultureller Gegenschlag (*backlash*) gegen sogenannte liberale Eliten? Und was ist eigentlich gemeint, wenn man *liberale* Eliten kritisiert? Dass es sich dabei um Heuchler mit einem, frei nach Max Weber, »pharisäisch gute[n] Gewissen« handelt? Um Leute, die sich als Gewinner der Globalisierung kosmopolitisch-tolerante Attitüden leisten können, ohne jegliches Bewusstsein für die materiellen Vorbedingungen ihrer verfeinerten Moralvorstellungen?

So oder so: Die Liberalen staunen, dass Trump, Brexit etc. im 21. Jahrhundert noch möglich sind. Dies Staunen ist aber kein theoretisches; es steht nicht am Anfang einer Erkenntnis, es sei denn der, dass die Vorstellungen von Liberalismus und von Geschichte, aus denen es stammt, so nicht mehr zu halten sind.[4] Die Reaktionen derjenigen, die sich als Liberale angesprochen fühlen, fallen je nach Zeitdiagnose ganz unterschiedlich aus. Die einen geben »dem Volk« die Schuld an den politischen Katastrophen Brexit und Trump und behaupten, Figuren wie der 45. Präsident der Vereinigten Staaten oder der Chef-Brexiteer Nigel Farage könnten nur deshalb reüssieren, weil sie unter leichtgläubigen Bürgern Lügen über liberale Eliten verbreiteten. Man bedient sich dann oft munter der Klischees der Massenpsychologie aus dem späten 19. Jahrhundert: Die einfachen Leute seien halt irrational und verführbar – und deswegen an den desaströsen Folgen des neuen Antiliberalismus selber schuld.

Andere hingegen üben sich in Selbstkritik (oder zumindest der Simulation von Selbstkritik), ja es ist sogar ein kleiner, aber doch sehr umkämpfter Markt für liberale *meae culpae* entstanden.[5] Man gesteht, den Abgehängten wirklich kein Gehör geschenkt zu haben;[6] man unternimmt, was in den USA als »Trump-Safaris« verspottet wird: Expeditionen ins Landesinnere (bevorzugt in die Appalachen), wo die exotischen Eingeborenen ein offenbar selbstzerstörerisches Leben führen, das man aber auch irgendwie verstehen und mit Empathie betrachten muss (Opiate, keine *family values* mehr etc.). Oft wird dann, wie vom britischen *Economist*, ein »liberalism for the people« gefordert – was auf den ersten Blick an Friedrich Naumanns »Liberalismus der Masse« vom Anfang des 20. Jahrhunderts erinnert, eine Allianz aus Sozialdemokraten und Liberalen. Das meinen die britischen Journalisten aber offenbar nicht: Nur etwas weniger elitär will man sein, geduldiger erklären, warum Liberalismus (für den *Economist* vor allem: Marktliberalismus) am Ende doch gut für alle sei.

Diese Selbstermunterung – weiter so, nur halt mit mehr Volkspädagogik und vielleicht etwas inklusiver – wird manchen zeitgenössischen Kritikern des Liberalismus besonders übel aufstoßen. Denn sie gehen aufs Ganze. Neben der tagespolitischen Polemik gegen liberale Eliten, die häufig (aber nicht nur) von populistischen Politikern geäußert wird, hat sich ein Fundamental-Antiliberalismus herausgebildet, inklusive einer spezifisch christlich inspirierten Kritik an der »liberalen Moderne«. Hier wird *der* Liberalismus[7] für eine endlose Reihe von Missständen verantwortlich gemacht: Er habe die Menschen isoliert, so dass sie heute zu wahrer Gemeinschaft und Loyalität unfähig seien. Und er homogenisiere im Namen von »Vielfalt«: Der Liberalismus verspreche Toleranz, sei aber intolerant gegenüber allen Lebensformen, die sich liberalen Leitvorstellungen nicht unterwerfen. Man ist für alles offen, nur nicht für das, was eigene Positionen infrage stellt (oder in durchgentrifizierten liberalen Großstadtquartieren irgendwie stört). Die liberalen

Eliten moralisierten zwar gegenüber den Massen, würden aber ihrerseits ständig betrügen (sei es auf den Finanzmärkten oder um ihre verhätschelten Kinder ins College zu schmuggeln). Und zu guter Letzt: Der Liberalismus leide nicht nur an solchen Widersprüchen, sondern untergrabe sich letztlich stetig selbst, da er von Voraussetzungen lebe, die er nicht garantieren und schon gar nicht erneuern könne. Die vollends liberale Welt strahle also im Zeichen triumphalen Unheils – *und* sei trotz aller Triumphe dem Untergang geweiht.

Bei alldem kann es dann nicht mehr verwundern, dass Kritiker wie Thierry Baudet, der niederländische Rechtspopulist mit dezidiert philosophischem Anspruch, fordern, die Menschen müssten jetzt erst einmal gründlich »entliberalisiert« werden.[8] Was damit gemeint ist, wird nicht gesagt, wie denn auch allgemein die Hoffnung auf eine »postliberale Zukunft« sich bisher kaum in konkreten politischen Vorstellungen artikuliert – außer der Forderung nach einer Rückkehr in vermeintlich unversehrte illiberale Gemeinschaften, wo man dann der Selbstzerstörung der liberalen Welt harrt.[9]

Liberalismus wird heute bekanntlich von rechts wie links kritisiert – aber nur weil vermeintliche Extreme sich berühren, heißt das nicht, dass all ihre Argumente falsch sind (es heißt im Übrigen auch nicht, dass man diese Formen von Kritik einfach gleichsetzen kann). Die rechten Antiliberalen offerieren viel, das, mit Verlaub, nicht gerade neu ist. Ob 1830, 1925, 1969, oder 2019 – die authentischen organischen Gemeinschaften und die richtigen Moralvorstellungen sind immer gerade unrettbar verloren gegangen. Und doch geht dann alles irgendwie weiter. Linke haben über unser Zeitalter immerhin etwas Spezifisches zu sagen: Der Liberalismus habe dem Kapitalismus zum globalen Sieg verholfen, jetzt stehe er, in den Worten des Dramaturgen Bernd Stegemann, wie der dumme Gehilfe da: Der Kapitalismus, der sich im Moment seines weltweiten Triumphs in aller Brutalität zeigen darf, brauche ihn nicht mehr (diese Beobachtung ist offensichtlich nicht so sehr ein Update als vielmehr eine Beschwörung des marxschen Arguments, »liberale Redensarten« bemäntelten nur die »realen Interessen der Bourgeoisie«). Theodor W. Adorno hatte noch gemeint, der Melting Pot sei eine Einrichtung des losgelassenen Industriekapitalismus (nur um hinzuzufügen: »Der Gedanke, in ihn hineinzugeraten, beschwört den Martertod, nicht die Demokratie)«; er mache ein (falsches) Versprechen von Gleichheit durch totale Anpassung. Der losgelassene postindustrielle Kapitalismus, so ließe sich schlussfolgern, hat es sich offenbar gut mit dem »liberalen Multikulturalismus« eingerichtet, wo vermeintlich alle *divers* und doch voll mit dabei sein (und ausgebeutet werden) können.

Eine Einschätzung all dieser Behauptungen hängt offensichtlich davon ab, was man mit »Liberalismus« überhaupt meint. Wie jeder politische Begriff ist auch Liberalismus umkämpft; nur was keine Geschichte hat, kann mal einfach so definiert werden. Der Begriff ist aber vielleicht insofern besonders unklar, als Liberalismus bekanntlich sowohl eine parteipolitische Formation als auch eine viel umfassendere Konstellation von politischen Ideen bezeichnet, eine Tradition von Traditionen (Judith Shklar).

Zumindest bis vor wenigen Jahren konnte man sich recht entspannt zurücklehnen mit der Behauptung, viele dieser Traditionen hätten sich in der Moderne totgesiegt (und seien nicht mehr als eigenständige zu erkennen): Wirkliche Antiliberale, die beispielsweise rundheraus den Rechtsstaat oder individuelle Freiheitsrechte ablehnten, gebe es – zumindest im Westen – keine mehr.

Allerdings war vielleicht schon damals gar nicht so eindeutig, worin diese Traditionen früher, vor ihrem vermeintlichen Tod durch Triumph, eigentlich bestanden haben sollen – und was genau sie mit all dem, was heute so locker mit »Liberalismus« assoziiert wird, eigentlich zu tun hatten: zum Beispiel eine kosmopolitische Lebensform und ein ungezügelter Kapitalismus, die Allianz, die Nancy Fraser als »progressiven Neoliberalismus« bezeichnet hat.[10] Oder auch Attitüden, die der Soziologe Andreas Reckwitz mit einer etwas überkuratierten Begriffsbildung als »*apertistisch-differenziellen* Liberalismus« etikettiert (also eine Einstellung, mit der man »Offenheit« und »Diversity« immer an sich für gut befindet).[11] Eine beliebte und recht klare, aber möglicherweise doch unterkomplexe Antwort besteht in der Feststellung, zumindest Liberalismus und Neoliberalismus seien doch zwei verschiedene Dinge. Vielleicht, vielleicht auch nicht – aber das hängt offensichtlich davon ab, wie man die Begriffe versteht.

In diesem Essay soll erst einmal eine Ideengeschichte der Gegenwart skizziert werden. Das mag verwundern. Ist es nicht viel dringender, zu den Gründervätern des liberalen Denkens zurückzukehren, um die bisher aufgeworfenen Fragen zu beantworten? Nun ist die Historie, die gerade hinter einem liegt, oft am schwersten zu verstehen. Ohne ein solches Verständnis wissen wir aber gar nicht, warum wir bestimmte Fragen stellen. Man denke nur an das unvermeidliche Klischee, dem zufolge nach dem Ende des Kalten Krieges *der* Liberalismus global triumphiert habe. Seitdem sei *die* Geschichte zurückgekehrt (diese Feststellung selbst kehrt im Übrigen fast täglich wieder, in unzähligen Büchern, Meinungsartikeln und sorgenvollen Sonntagsreden); alle, die vielleicht sonst nicht viel zu sagen haben, erklären einem noch mal – mit mehr oder weniger Bedauern –, Francis Fukuyama habe mit der These falschgelegen, zu liberaler Demokratie und Kapitalismus gebe es keine weltweit attraktive Alternative mehr.

Diese Erzählung ist so stereotyp geworden, dass überhaupt nicht mehr gefragt wird, ob man in den langen neunziger Jahren wirklich so hochgestimmt war. Verschwendete wirklich niemand einen Gedanken an Nation und Gemeinschaft, als im Südosten Europas ein Bürgerkrieg einem multinationalen Experiment ein blutiges Ende setzte (und in den Seminarräumen allerorten Kommunitaristen gegen Liberale philosophische Landgewinne verzeichneten)?

Vielleicht war das Problem gar nicht ein stupider Triumphalismus, dem man heute mit ein paar simplen selbstkritischen Gesten abschwören kann? Und, noch näher an der Gegenwart: Bestand der Fehler der sogenannten liberalen Eliten wirklich darin, dass sie den vermeintlich kleinen Leuten mit »kultureller Arroganz« begegnet sind bzw. dass sie es, wie es häufig heißt, mit ihrer »liberalen Identitätspolitik« – gemeint ist: immer ausgefallenere Ansprüche allerlei dauerbeleidigter Minderheiten – irgendwie übertrieben haben? Dann kann recht schnell, allzu schnell, behauptet werden, man habe seine Lektionen aus der populistischen »Gegenrevolution« gelernt (die dann weniger aus einem positiven Programm als in einem Vermeidungsimperativ bestehen: nicht immer so viel Aufhebens um die Minderheiten machen und auch mal auf die Mehrheit mit ihrer legitimen Forderung nach »Konformität« hören). Eine Selbstkasteiung, welche die Zeitgeschichte systematisch missversteht, wird die Probleme des Liberalismus aber nur weiter potenzieren.

Nach der kurzen Geschichte der Gegenwart soll dann historisch – und theoretisch – weiter ausgeholt werden. Ich möchte zeigen, dass sich drei verschiedene Stränge liberalen Denkens unterscheiden lassen (und es ist der Kürze dieses Essays geschuldet, dass dies auf eher schematische Weise geschieht): Da ist, am offensichtlichsten, Liberalismus als Imperativ, Individuen maximale Selbstentfaltung zu ermöglichen; ein Ideal von Selbstvervollkommnung durch Bildung, mannigfaltige Erfahrungen und stetige Arbeit am eigenen Charakter. Ursprünglich konnten hier romantische Vorstellungen von Vielfalt als Wert an sich durchaus mit einer Agenda der »Befreiung durch Markt« (nämlich von feudalen Verhältnissen) zusammengehen. Es lässt sich, im Anschluss an die Kategorisierung der amerikanischen Theoretikerin Judith Shklar, von einem »Liberalismus der persönlichen Entwicklung« oder auch »Selbstvervollkommnungsliberalismus« sprechen.[12] Verwandt mit diesem im 19. Jahrhundert besonders einflussreichen Liberalismus war zudem eine Denkfigur, die heute fast in Vergessenheit geraten ist: Liberalismus als Liberalität, als Großzügigkeit und Offenheit. Diese Verwendung von »liberal« passte zu einem Selbstvervollkommnungsliberalismus, weil die Einzelnen in ihrem Entwicklungsstreben und ihrer Experimentierfreude – John Stuart Mill forderte »experiments in living« – für Neues und Andersartiges offen sein bzw. ihre verschiedenen Experimente großzügig tolerieren sollten.

Solche subjektiven, vielleicht auch etwas egozentrischen Haltungen waren charakteristisch für eine ganz bestimmte Spielart von Liberalismus. Besonders in Kontinentaleuropa dominierte eine andere, die vor allem mit bestimmten bürgerlichen Institutionen assoziiert wurde: Rechtsstaat, Märkte und Parlamente, basierend auf einem durch Besitz- und Bildungsqualifikationen eingeschränkten Wahlrecht. Liberale wollten die (in welchem Sinne auch immer) weniger Bemittelten ausschließen; sie waren allerdings auch darauf bedacht, ihnen, oder zumindest ihren Kindern und Kindeskindern, volle Zugehörigkeit in Aussicht zu stellen – wenn diese erst einmal die notwendige Befähigung nachweisen konnten.[13] Nicht zuletzt deswegen war es so wichtig, dass Liberale an einer Vorstellung kontinuierlichen Fortschritts festhielten – ohne dieses Fortschrittsversprechen hätten sie sofort als Ideologen dagestanden, die Ungleichheit nicht weniger vehement verteidigten als diejenigen, die Feudalismus als gott- oder naturgegeben rechtfertigten.

All dies führte nicht nur dazu, dass den Liberalen der

gar nicht so feine Geruch des Elitären anhing. Es entstand auch der Eindruck, Liberalismus beruhe auf einer spezifischen Form von Entpolitisierung: Liberale schufen die institutionellen Rahmenbedingungen für wirtschaftlichen (und auch politischen) Wettbewerb – und sogar exzentrische Lebensexperimente –, aber der konstitutionelle Rahmen sollte von jeglicher politischen Auseinandersetzung isoliert bleiben. Diese Haltung hat immer wieder, bis heute, den Vorwurf der Heuchelei provoziert: Alles ist erlaubt, Pluralismus und Diversity werden gefeiert – solange eben der Liberalismus selbst mit seinen Grundinstitutionen nicht infrage gestellt wird.

Erst in den zwanziger und dreißiger Jahren des 20. Jahrhunderts gewann Liberalismus dann auch in der englischsprachigen Welt eine Bedeutung, welche bis in die Gegenwart viele wissenschaftliche Debatten beherrscht (in der parteipolitischen Auseinandersetzung jedoch kaum noch eine große Rolle spielt): Nun wurde Liberalismus fast ausschließlich mit der Idee von individuellen Abwehrrechten gegenüber dem Staat identifiziert sowie mit Institutionen, die Macht einschränken.[14] Auch wenn John Locke der offizielle ideengeschichtliche Heroe dieser Interpretation war, ging das Grundmotiv doch auf Thomas Hobbes zurück: Der Sinn der Politik ist die Sicherung des Einzelnen, der Versuch, ihm ein Leben ohne Furcht (außer der Furcht vor dem Leviathan) zu ermöglichen.

Diese verschiedenen Konzeptionen schließen sich nicht zwangsläufig aus. Ein dezidierter Selbstvervollkommnungsliberalismus und ein Liberalismus, der Freiheit durch Rechte sichern will, können aber auch in einem

Spannungsverhältnis zueinander stehen. Ersterer geht davon aus, dass nur ein Leben, in dem man ständig nach voller Entwicklung seiner individuellen Fähigkeiten strebt, ein wirklich gelungenes Leben ist; Letzterer legt nahe, dass jeder ganz frei über seine Lebenspläne entscheiden können soll. Und er besteht darauf, dass jeder mit seinem existenziellen Interesse an eigenen Vorstellungen eines gelungenen Lebens *gleichermaßen* berücksichtigt werden muss.

Die Realität sieht bekanntlich oft anders aus. Nicht nur werden viele Menschen nicht gleichermaßen berücksichtigt; viele werden überhaupt nicht berücksichtigt; und manche werden gezielt eingeschüchtert, getriezt, in Furcht versetzt: Missliebige Minderheiten gelten bestenfalls als Bürger zweiter Klasse; Gruppen mit ganz anderen Lebensvorstellungen werden misstrauisch beäugt; und Menschen werden bewusst grausam behandelt – beispielsweise mit dem Argument, wenn man asylsuchende Familien an der Grenze auseinanderreiße (oder sie gleich ertrinken lasse), schrecke das andere ab.

Solche Erfahrungen haben einige für Machtfragen besonders sensible Theoretiker noch einmal neu über Liberalismus nachdenken lassen. Die wichtigste unter ihnen war Judith Shklar, die 1989 einen Aufsatz mit dem Titel »Der Liberalismus der Furcht« veröffentlichte.[15] Shklar schrieb vor dem Hintergrund der politischen Katastrophen des 20. Jahrhunderts. Sie plädierte leidenschaftlich dafür, sich politisch auf die Vermeidung des Schlimmsten zu konzentrieren – aus ihrer Sicht waren das alle Situationen, in denen Menschen andere Menschen grausam behandeln. Das Gefühl völligen Ausgeliefertseins, die Abhängigkeit, welche die Opfer von Willkürherrschaft am eigenen Leib und an der eigenen Seele erfahren – sie waren das unheilvolle totalitäre Signum des 20. Jahrhunderts.

Die Grundintuition dieses Liberalismus ist jedoch eine allgemeingültige und muss nicht immer gleich den Staat zum *Public Enemy No. 1* des Individuums erklären (denn private Akteure können Menschen genauso in Abhängigkeit bringen und ihnen Furcht einflößen).[16] Liberalismus, so Shklars Einsicht, sei keine Laisser-faire-Philosophie, sondern ziele auf existenzielle Sicherheit, welche ein freies Leben nach eigenen Vorstellungen erst ermögliche. Daraus ergab sich ein praktischer Imperativ der Gleichbehandlung. Damit dies nicht nur hehre Worte bleiben, ist für Shklar entscheidend, dass die soziale Distanz zwischen den Menschen nicht zu sehr wächst. Zudem müsse man ein offenes Ohr haben für Erzählungen von Furcht und Verletzungen. Und den Mächtigen dann klare Grenzen setzen. Dies war offensichtlich ein anderes Verständnis von »Offenheit«, als es heute häufig mit Liberalismus assoziiert wird.

Dieser Essay setzt sich zum Ziel, diesen »Liberalismus von unten« (so Axel Honneth einmal) zu aktualisieren. Wie zu zeigen sein wird, bleibt er Grundintentionen liberalen Denkens viel eher treu als der vermeintliche »kulturelle Elitenliberalismus« (wobei Letzterer zum Teil schlicht eine böse Karikatur ist – auch das wird zu zeigen sein). Zugleich gilt es jedoch, den Liberalismus der Furcht in Teilen zu revidieren. Dies ist nicht der erste Versuch, mit

Shklar und mit Shklar gegen Shklar zu denken; und man muss sich darüber im Klaren sein, in welche Fallen man mit einem Liberalismus der Furcht laufen kann – und schon gelaufen ist, nämlich in den langen neunziger Jahren, als man meinte, in Form eines dezidiert antitotalitären Liberalismus exakt die richtigen Lehren aus dem 20. Jahrhundert gezogen zu haben.

Im letzten Kapitel soll dann skizziert werden, was ein so verstandener Liberalismus für aktuelle Debatten bedeutet. Hier werden keine detaillierten Lösungsvorschläge unterbreitet; ich möchte vielmehr eine Orientierungshilfe für die politischen Urteile anbieten, die wir fällen, und die politischen Möglichkeiten, die wir uns vorstellen können.[17]

1. Einbahnstraße?

Mit dem Ende des Kalten Krieges habe der Liberalismus triumphiert, allseits habe man das Ende der Geschichte ausgerufen. Faschismus und Kommunismus, im »Zeitalter der Ideologien« (Karl Dietrich Bracher) die großen Rivalen des Liberalismus, seien endgültig besiegt, nur die Kombination von liberaler Demokratie und Kapitalismus habe als Option für die Menschheit überlebt.

Diese Erzählung ist inzwischen Tausende Male für überholt und widerlegt erklärt worden. Kein Leitartikler, Sachbuchautor, Wissenschaftler oder auch Politiker, der nicht mit mehr oder weniger Häme konstatiert hätte, der Optimismus der neunziger Jahre habe sich als – wie könnte es bei einem Amerikaner wie Fukuyama anders sein – naiv herausgestellt.

Was dabei oft völlig vergessen wird, ist der Umstand, dass Fukuyamas große Erzählung nie so glatt war, wie die Kritiker meinten. Kritiker übrigens, die sich sonst häufig einen ausgeprägten Sinn für Komplexitäten auf die Fahnen schrieben. (Wenn überhaupt war das zu Glatte die Zusammenfügung von Kapitalismus und Demokratie – ganz als könne es da keine Konflikte oder auch nur Friktionen geben.) Fukuyama hatte keineswegs vorhergesagt, Kriege oder auch nur tiefer gehende politische Konflikte seien ein für alle Mal vorbei – wer hätte das angesichts der Bürgerkriege in Jugoslawien und des Völkermords in Ruanda auch für nur annähernd plausibel gehalten? Der frühere Mitarbeiter des State Departments argumentierte vielmehr, letztlich befriedigten allein die liberale Demokratie und »der Markt« das Verlangen der Menschen nach Anerkennung und Selbstbestimmung. Daraus folgte für ihn, dass es zwar weiterhin Konflikte geben würde, aber keine grundsätzlichen politisch-wirtschaftlichen Alternativen, die für einen bedeutenden Teil der Menschheit wirklich attraktiv sein könnten (so wie Kommunismus und Faschismus einst für Millionen von Menschen attraktiv gewesen waren).

Das war aber noch nicht das Ende der Geschichte (in Fukuyamas Buch). Denn der vermeintlich so oberflächliche Politikwissenschaftler stellte eine – nicht zuletzt von Friedrich Nietzsche inspirierte – Befürchtung in den Raum: dass es den Leuten mit dem Liberalismus irgendwann schlicht langweilig werden könne. Wer den Sinn des Lebens in Heldentaten oder gar in blutigen Auseinandersetzungen suche, werde in einem postheroischen System wohl kaum glücklich werden. Manche Menschen – diese Feststellung wird eigentlich niemand mit ein wenig Lebenserfahrung überraschen – wollen nicht nur als Gleiche anerkannt werden; sie wollen als etwas Besonderes anerkannt werden.[1] Im Privatleben mag das noch angehen; in der Politik jedoch wird es damit sowohl bei bewunderungssüchtigen Individuen als auch bei Kollektiven gefährlich: Narzisstische Führer und Nationen, die sich als Auserwählte fühlen, werden keinen Liberalismus wollen, der alles gleich und im Zweifelsfalle alles gleich lau macht.[2]

Diese Befürchtung wurde seinerzeit nicht sonderlich

ernst genommen, schien es doch genug Möglichkeiten zu geben, auch im Kapitalismus etwas ganz Besonderes zu sein (jedem Start-up wohnt ein Zauber inne) oder sich in eine noch nicht befriedete Welt hinauszuwagen, beispielsweise bei humanitären Militäreinsätzen. Aus Helden alter kriegslüsterner Art konnten immer noch Händler (Amazon, eBay etc.) oder Blauhelme werden.

Unabhängig davon bleibt festzuhalten, dass selbsterklärte liberale Intellektuelle sich ihrer Sache längst nicht so sicher waren, wie es die klischeehafte Erzählung vom totalen Triumphalismus will. Im Gegenteil: Das Ende des Zeitalters der Ideologien konnte auch als Krise empfunden werden, und zwar gerade als intellektuell-politische Identitätskrise, hatten sich Liberale doch während des Kalten Krieges in der Auseinandersetzung insbesondere mit Kommunisten immer wieder ihrer eigenen Überzeugungen versichert. Der Gegner hatte ihrem Denken Gestalt gegeben.

Weniger offensichtlich: Liberale Intellektuelle hatten sich in einer Art kleinem Grenzverkehr Ideen ihrer nominellen Kontrahenten angeeignet. Es ist kein Zufall, dass Denker wie Isaiah Berlin, Raymond Aron und Karl Popper sich regelmäßig lobend über Karl Marx äußerten. In der Auseinandersetzung mit Marx ließen sich nicht nur die eigenen Ideale klären; man konnte auch lernen, wie der Liberalismus sich angesichts der unbestreitbaren Attraktivität des Sozialismus wandeln musste.[3] Am produktivsten sei es, so Berlin ein ums andere Mal, sich an Texten abzuarbeiten, welche die eigene Theorie herausforderten.[4] Er wollte nicht nur allgemein Skeptizismus gegenüber Utopien säen, sondern auch die eigenen politischen Vorstellungen permanent hinterfragen: Als Skeptiker musste man auch gegenüber sich selbst skeptisch bleiben. Außerdem dürfe man auf den vermeintlichen Fanatismus kommunistischer Denker nicht mit einem liberalen Fanatismus reagieren. Die Vorstellung, ein wehrhafter freier Westen brauche seinen eigenen politischen Glauben (oder genauer: Gegenglauben), wies Berlin explizit zurück. Nicht Selbstsicherheit sei die stärkste Waffe, sondern Selbstzweifel.

Ob sich diese hehren Ansprüche in der Praxis stets erfüllten, darf getrost infrage gestellt werden. So hat man Berlin beispielsweise vorgeworfen, von Selbstzweifeln sei in seiner affirmativen Haltung zum Vietnamkrieg nicht viel zu hören gewesen, und zwar noch nicht einmal dann, als der Chor der Kritiker, denen man kaum verkappte Sympathien für den Kommunismus unterstellen konnte, nicht mehr zu überhören war.[5]

Außerdem litten die Liberalen des Kalten Krieges nicht gerade an einem Übermaß an Skepsis, wenn es an die praktische Umsetzung ihrer Ideen ging. Die Wahl fiel eindeutig auf ein »konstitutionelles Regime«, also Gewaltenteilung und fest verankerte Grundrechte, um eine Konzentration von Macht zu vermeiden. Zu viel Macht konnte es auch für das Volk geben, und so misstrauten diese Liberalen denn auch zutiefst der Demokratie, insbesondere ihrer direkten Variante.[6]

Die vor allem von Karl Popper gepriesene offene Gesellschaft hatte überdies einen Namen: England. Das Beste, was man von der Politik erwarten konnte, war aus dieser Perspektive eine Art idealisiertes England: zivilisiert, gemäßigt, da der Common Sense die Menschen gegenüber politischen Flausen skeptisch macht, aber auch tolerant und deswegen mit Spielraum für allerlei (individuelle) Exzentrizitäten. In erste Linie jedoch: verantwortlich geführt von im weitesten Sinne liberalen Eliten.[7]

Liberalismus der Furcht, zum Ersten

Anders als sein enger Freund Berlin forderte der US-amerikanische Liberale Arthur Schlesinger jr. angesichts des Kommunismus einen liberalen »fighting faith«, also einen kämpferischen Glauben an liberale Ideale. Als der Kampf vorbei war, schwand offenbar auch die Gewissheit des eigenen Glaubens. Eine Reaktion auf diese Verunsicherung war der sogenannte Liberalismus der Furcht, wie Judith Shklar ihn in ihrem 1989 publizierten Essay entworfen hatte. Shklar stammte – wie Isaiah Berlin – aus Riga, war mit ihren Eltern vor Stalinisten *und* Nazis geflohen, studierte und lehrte in Harvard und wurde zu einer der einflussreichsten politischen Theoretikerinnen in der englischsprachigen Welt. Ihr historisch und moralpsychologisch sensibles Denken war auf den ersten Blick nicht sonderlich liberal, klingt »Furcht« doch zunächst nach einem konservativen Schlüsselbegriff zur Begründung eines autoritären Staatsverständnisses. Es war schließlich kein anderer als Thomas Hobbes, der im *Leviathan* behauptet hatte, Furcht sei die Leidenschaft, mit der man rechnen müsse.[8] Zugleich klingt »Furcht« auch nach bürgerlicher Besitzstandswahrung, nach philisterhafter Angst vor den »Massen«, wie man sie bei so vielen liberalen Denkern des 19. und 20. Jahrhunderts findet.

Shklar reagierte mit ihrer Spielart des Liberalismus auf die Tatsache, dass die größte Gefahr für das Individuum im 20. Jahrhundert von Staatsapparaten ausgegangen war. Sie erklärte, Liberale sollten keine positiven Visionen anbieten, sondern sich auf das Wichtigste konzentrieren: die Vermeidung von Grausamkeit. Letztere war in ihren Augen das *summum malum*, das Übelste überhaupt. Was sie als Liberalismus der Rechte bezeichnete, klang bisweilen geradezu wie eine Art Luxus. Über moralisch ausgefeilte und praktisch immer weiter ausgreifende Rechte könne man sich Gedanken machen, sobald die schiere Existenz einmal gesichert sei. Politische Theorien, in denen Moralphilosophen mit immer abstrakteren Begriffen und stilisierten Fallbeispielen hantierten, stellte Shklar unter den Generalverdacht, die drängendsten Fragen zu ignorieren und die politische Erfahrung des 20. Jahrhunderts zu verfehlen. Shklar hielt fest, der Liberalismus der Furcht ziehe seine Kraft nicht aus der Philosophie, sondern aus der historischen Erinnerung. Wolle man die Sensibilität für Grausamkeit schärfen, seien Geschichtsbücher und auch Romane viel wichtiger als theoretische Ableitungen; man musste lernen, Leiden nachzufühlen, statt mehr oder weniger logische Beweise in der Moralphilosophie nachzuvollziehen.[9]

Dieser dezidiert antitotalitäre und primär *negative* Liberalismus wurde nach dem Ende des Kalten Krieges zu einem wichtigen Orientierungspunkt für viele Intellektuelle in Großbritannien und den Vereinigten Staaten. Vor allem bewegte er sie dazu, humanitäre Interventionen gegen diktatorische Regime zu unterstützen. Diese Regime gingen offensichtlich mit Menschen auf grausame Weise um – und das Leiden letzterer war für alle Welt sichtbar. Die Lektion des 20. Jahrhunderts schien eindeutig: Man muss sich zuerst auf die Opfer konzentrieren – und potenziell können alle Opfer werden. Daraus folgten ein klares Bekenntnis zu den Menschenrechten und das seinerzeit populäre Schlagwort von einer internationalen *Responsibility to Protect*. Der prominente liberale Intellektuelle (und zeitweilige Politiker) Michael Ignatieff schrieb Ende der neunziger Jahre:

> Im 20. Jahrhundert basiert die Idee von menschlicher Universalität weniger auf Hoffnung denn auf Furcht, weniger auf Optimismus als auf der menschlichen Fähigkeit, Gutes zu tun denn auf dem Grauen vor der menschlichen Fähigkeit, Böses zu tun. [...] Die Wegmarken auf diesem Pfad zu einem neuen Internationalismus waren Armenien, Verdun, die Russland-Front, Auschwitz, Hiroshima, Vietnam, Kambodscha, der Libanon, Ruanda und Bosnien. Ein Jahrhundert des totalen Krieges hat Opfer aus uns allen gemacht, Zivilisten wie Militärs, Männern, Frauen und Kindern.[10]

Doch so gerechtfertigt beispielsweise das Eingreifen im ehemaligen Jugoslawien war, verbarg sich im Liberalismus der Furcht, der zur Legitimation derartige Interventionen herangezogen wurde, auch ein entpolitisierendes Moment: Man nahm an, dass das Handeln zur Rettung von Individuen sich praktisch von selbst verstand. Mit dieser Beobachtung soll nicht das *summum malum*, das beispielsweise die Anführer der bosnischen Serben verfolgten, relativiert werden; es soll aber gesagt sein, dass der Liberalismus der Furcht – wie er seinerzeit verstanden wurde – unter den neuen weltpolitischen Umständen auch eine besondere Art von Sicherheit versprach: nämlich Selbstsicherheit für Liberale. Im Kalten Krieg hatte man gewusst, wo der ideologische Gegner stand; nun wusste man, eben weil die Grausamkeit so konkret sichtbar war, immer gleich, was es im Namen der Menschenrechte zu tun galt. Potenziell verdrängte die neue »Opferkultur« (so Bernhard Schlink kritisch) empirisch-kausale Fragen nach dem, was aus normativer Sicht nicht immer sofort klar war.[11]

Diese Suche nach normativer Eindeutigkeit fand nach der Jahrtausendwende noch einen weiteren scheinbar nicht zu hinterfragenden Fixpunkt: den von der US-Regierung ausgerufenen »globalen Krieg gegen den Terror«. Angesichts eines vermeintlichen »Vierten Totalitarismus« – nämlich des radikalen politischen Islamismus – wurde die Forderung laut, man brauche wieder einen kämpferischen Glauben, einen neuen *fighting faith*, um Muslime von der liberalen Demokratie und den Menschenrechten zu überzeugen.[12]

Ein weniger offensichtlicher Effekt des »Krieges gegen den Terror« bestand darin, dass die Politik wieder Sinn oder zumindest *Spannung* versprach. Das klingt frivol, aber anders lassen sich einige der Reaktionen prominenter Intellektueller zu Beginn dieses »Krieges« kaum deuten. Der liberale Journalist Christopher Hitchens jubilierte geradezu:

> Zu meiner freudigen Überraschung entdeckte ich auch eine Art Hochgefühl. Hier war der furchterregendste Feind – theokratischer Barbarismus – vor aller Augen. Ich verstand: Sollte der Kampf auch bis zum letzten Tag meines Lebens dauern, so würde es mir dabei, ihn bis zum Äußersten zu führen, doch nie langweilig werden.[13]

Es durfte wieder gekämpft und es durfte wieder *geglaubt* werden. Auf merkwürdige Weise trafen sich hier Liberale mit Intellektuellen, die es sich wohl verbitten würden, liberal genannt zu werden. Man denke nur an die seinerzeit viel diskutierten starken Ansagen eines Botho Strauß. Der Dichter hatte verkündet: »Mit der westlichen Einfühlung in einen unüberwindlichen Antagonismus, sakral/säkulär, ist die herrschende Beliebigkeit, sind Synkretismus und Gleich-Gültigkeit in eine Krise geraten. Vielleicht darf man sogar sagen: Wir haben sie hinter uns. Es war eine schwache Zeit.«[14]

Zumindest Liberale, die sich mit dem neuen *fighting faith* identifizierten, nahmen offenbar an, der Liberalismus benötige stets einen Gegner, um sich seiner selbst wirklich sicher zu sein; »schwache« Zeiten, die doch eigentlich liberal im Sinne von tolerant und entspannt scheinen, sind offenbar nicht gut für den Liberalismus. Positiv gewendet könnte man sagen, der Liberalismus passe sich flexibel neuen Herausforderungen an. Die offensichtlichste Kritik lautete hingegen, stets auf Feinde fixierte Liberale hätten wenig Vertrauen in die intrinsische Attraktivität ihrer Ideen, und im ständigen Ringen mit allerlei Feinden verrieten sie diese Überzeugungen bisweilen selbst. Dies war denn auch ein entscheidendes Argument derjenigen, die dem neuen Antitotalitarismus skeptisch gegenüberstanden. Es war ja offensichtlich per definitionem richtig, dass der islamistisch inspirierte Terror Furcht verbreitete und Menschen grausam behandelte. Aber die neuen Antitotalitären, so die Kritiker, trügen mit ihrem *fighting faith* ihrerseits zu einer furchterfüllten

Atmosphäre in den USA bei und legitimierten de facto autoritäre Maßnahmen der Regierung von George W. Bush.[15] Zudem – das war weniger offensichtlich – senkten sie die Erwartungen an Politik systematisch ab: Es gelte stets, nur das offensichtlich Schlimmste zu verhindern, für weiter gehende, auch strukturelle Fragen nach sozialer Gerechtigkeit bliebe da zu wenig Zeit und Aufmerksamkeit.[16]

Zudem hatte sich aus dem Liberalismus des Kalten Krieges, der nach außen kämpferisch, in der Innenpolitik jedoch durchaus sozialdemokratisch ausgerichtet war, de facto etwas entwickelt, das man plausiblerweise als Neokonservatismus bezeichnen kann: eine Haltung, die weiterhin eine aktive und vor allem moralisch motivierte Außenpolitik befürwortete, während sie innenpolitisch jeglichem Staatshandeln skeptisch gegenüberstand und stets mit problematischen Nebenfolgen – beispielsweise von Sozialhilfe – rechnete.

Es ist heute beinahe vergessen, dass das spezifische Signum der Regierungen Blair und George W. Bush im dezidiert *moralischen* Anspruch bestand, gegen »das Böse« in der Welt vorzugehen. Die zentrale Rechtfertigung des zweiten Irakkrieges lautete, Saddam Hussein besitze Massenvernichtungswaffen; gleich danach folgte aber das Argument, der Diktator behandle seine Bevölkerung mit beispielloser Grausamkeit. Die Intervention sollte weiteres Leiden verhindern und einen Befreiungsprozess im gesamten Nahen und Mittleren Osten in Gang setzen.

Bekanntlich kam es anders. Und plötzlich wurden nun auch die inneren Spannungen des antitotalitären Liberalismus – oder, wie manche meinten, des Neokonservatismus – stärker thematisiert. War es nicht offensichtlich ein Widerspruch, anzunehmen, der Staat könne in fremden Ländern mit Militärinterventionen und zivilem Wiederaufbau immer genau die intendierten Effekte erzielen, während man gleichzeitig behauptete, staatliche Eingriffe im eigenen Land hätten sich häufig als kontraproduktiv erwiesen (beispielsweise weil, wie Neokonservative argumentierten, Sozialhilfe die Arbeitswilligkeit der Bedürftigen oder ganz allgemein ihren Charakter schwächte)?

Leiden und Grausamkeit mochten oft genug offensichtlich sein. Daraus folgte aber keineswegs, dass die richtigen politischen Maßnahmen ebenfalls immer offensichtlich waren.

Und der Neoliberalismus …?

Wie hoffentlich deutlich geworden ist, war der Liberalismus der langen neunziger Jahre und des ersten Jahrzehnts des 21. Jahrhunderts weniger »triumphalistisch« als vielmehr von der Suche nach neuer Sicherheit getrieben. Man fand sie schließlich in einer Art moralischer Alternativlosigkeit, nämlich dem Imperativ, offensichtlicher Grausamkeit sofort und überall ein Ende zu setzen.

Dies war aber nicht die einzige Form der Alternativlosigkeit, die diese Ära kennzeichnete. Historiker und Sozialwissenschaftler haben es sich bisweilen zu einfach gemacht, wenn sie die Zeit nach dem Kalten Krieg umstandslos als die eines Siegeszugs des »Marktfundamentalismus« bezeichneten. Der Begriff Neoliberalismus ist bekanntlich höchst umstritten und wird oft nur noch als Schimpfwort oder zumindest als Kürzel für so etwas wie »ungezügelten Kapitalismus« verwandt. Dabei hat er historisch (auch aus Sicht derer, die sich bis heute explizit als neoliberal bezeichnen würden, und die gibt es ja wirklich!) eine klar eingrenzbare Bedeutung – und diese lief auf das Gegenteil eines Glaubens an Laisser-faire hinaus. Letzteres war aus Sicht der Neoliberalen spätestens in den ersten Jahrzehnten des 20. Jahrhunderts auf ganzer Linie gescheitert. Der Markt durfte gerade *nicht* sich selbst überlassen, sondern musste ausgiebig gehegt und gepflegt werden. Wettbewerb war insofern nichts Natürliches, vielmehr galt es, ihn durch einen institutionellen Rahmen und vor allem durch eine bestimmte Form des Rechtsstaats zu sichern und zu fördern.

Neoliberal ist nicht gleich libertär. Neoliberalismus gibt auch keine ganz bestimmte politische Form vor; er suggeriert zudem nicht, dass man alle Grenzen öffnen müsse – ein weiterer Unterschied zu konsistenten libertären Positionen.[17] Er ist jedoch der Demokratie gegenüber skeptisch, weil diese es Mehrheiten erlaubt, verzerrend in den Markt einzugreifen und sich vermeintlich ungerechtfertigte Privilegien zu sichern (Gewerkschaften waren Friedrich von Hayek ein besonderer Graus).[18] Ganz grundsätzlich berge die Demokratie stets die Gefahr, das von »makers« – so der gescheiterte republikanische Präsidentschaftskandidat Mitt Romney in simplen, aus Sicht der Neoliberalen jedoch treffenden Worten – Geschaffene an »takers« umzuverteilen. »Soziale Gerechtigkeit« ist diesen Denkern nicht nur ein demagogisches Versprechen, sondern schlicht eine sinnlose Kategorie. Der Markt – so er nicht von Monopolen verzerrt wird – produziert die Verteilung, die er halt produziert. Fragen nach Gerechtigkeit sind da in keiner Weise relevant, da niemand eine bestimmte Verteilung im Voraus geplant hat, so dass man sie auch nicht anhand irgendwelcher moralischen Maßstäbe als ungerecht kritisieren könne.

Die Demokratie ganz offen abzulehnen – das trauten sich auch Neoliberale nur in den seltensten Fällen; weniger kontrovers war es, sie zumindest teilweise umzudefinieren. Aus einer Demokratie der Bürger, die einen Anspruch auf Teilhabe an der kollektiven Selbstbestimmung haben, wurde eine Demokratie der souveränen Konsumenten, die mit ihrem Geldbeutel abstimmen.[19] Aus den abhängigen Arbeitern werden Lohnempfänger, die ihre Kaufkraft einsetzen können, um den Kapitalbesitzern zu befehlen, dies und nicht jenes zu produzieren. Dem Staat tritt der Einzelne in dieser Logik denn auch nicht mehr als Bürger mit einklagbaren Rechten gegenüber, sondern als Kunde dessen, was sogar Sozialdemokraten (beispielsweise in Dänemark) als »Wettbewerbsstaat«, und nicht mehr als Wohlfahrtsstaat, bezeichnen: Regierungen konkurrieren in dieser Sichtweise nicht nur international um Investitionen, sondern auch um »Kunden«. Oder in den Worten eines Mannes, der unter anderem mit einer grundlegenden Reform des amerikanischen Staates betraut worden ist: Es geht darum, »Erfolge und Effizienz für unsere Kunden zu erzielen – die Bürger« (Jared Kushner).

Letztendlich ist der ideale neoliberale Mensch aber nicht nur ein souveräner Konsument, sondern zugleich ein »unternehmerisches Selbst« (Ulrich Bröckling), das auf dem Markt mit Talenten und Fähigkeiten, die es sich durch Fleiß – ob nun in der Universität oder im Fitnessstudio – angeeignet hat, mit anderen konkurriert. Unhintergehbar und ein Leben lang bleibt der Imperativ, das eigene Humankapital zu maximieren – was nicht immer heißen muss, stur und ehrgeizig zu sein, sondern auch in der Fähigkeit bestehen kann, sich souverän und locker im Umgang zu geben.

Neoliberalen in diesem präzisen Sinn geht es nicht um Freiheit, sondern um Disziplin. Der Disziplinierung wohnt allerdings nicht nur ein ökonomisches Versprechen inne (das disziplinierte Selbst ist das produktive Selbst), sondern auch ein dezidiert moralisches.[20] Margaret Thatcher bemerkte einmal, ihr Ziel bestehe darin, die Seele zu verwandeln, die Wirtschaft sei nur das Mittel dazu.[21] Immer wieder hat man den Satz der britischen Premierministerin, wonach es so etwas wie Gesellschaft nicht gebe, zitiert, um die angebliche neoliberale Seligsprechung des Egoismus anzuprangern. Der Rest ihrer Ausführungen wird dabei vergessen: Thatcher ergänzte nämlich sofort, es gebe nur Familien, Freunde und vielleicht noch Organisationen der Zivilgesellschaft. Sie wandte sich gegen die Vorstellung, »die Gesellschaft« solle den Menschen die moralische Verantwortung abnehmen; der Verweis auf »die Gesellschaft« legitimierte aus ihrer Sicht stets Verantwortungs- und insbesondere Disziplinlosigkeit.

Diese moralische Dimension erklärt auch, warum der

Neoliberalismus mancherorts eine so enge Verbindung mit bestimmten religiösen Gruppen – man denke vor allem an die Evangelikalen in den USA – eingehen konnte.[22] Zu Hause kultiviert man *family values*, in der Wirtschaft stellt man seinen Marktwert unter Beweis. Ersteres – eine Form der moralischen und sozialen Integration – ist nicht nur komplementär, sondern unabdingbar.[23] Denn dass der Markt die Moral untergraben und dass ein entfesselter Kapitalismus die moralischen Ressourcen, auf die er angewiesen ist, aufbrauchen kann, dass der *Homo sapiens consumens* (ein Ausdruck des deutschen Ordoliberalen Wilhelm Röpke) also möglicherweise irgendwann verantwortungslos wird – solche Sorgen trieben auch die Neoliberalen um. Die Konservativen ohnehin, selbst wenn diese prinzipiell ihren Frieden mit dem Kapitalismus gemacht hatten. Gerade deshalb setzten sie auf eine Kombination von Markt und traditionellen (insbesondere religiösen) Moralvorstellungen – verklammert durch ein Ideal disziplinierten und verantwortungsvollen Verhaltens.[24]

Zudem galt es, den Bürgerinnen und Bürgern immer wieder volkspädagogisch die Vorzüge dieser vermeintlich so gut zusammenpassenden Elemente nahezubringen. Von sich aus, bemerkte Ludwig von Mises gar einmal, sei kein Mensch liberal (im neoliberalen Sinne!), man müsse die Leute dazu zwingen.[25] Kein Wunder, dass schon 1938 auf der berühmten Zusammenkunft liberaler Denker in Paris – als der Ausdruck »neoliberal« geprägt wurde – einer der Teilnehmer, Louis Rougier, fragte, ob das liberale System, das man sich wünsche, nicht schlicht grausam sei.[26]

Der Individualisierungs- *und* Disziplinierungsimperativ setzte sich in den langen neunziger Jahren auch bei nominell sozialdemokratischen Parteien durch. Was seinerzeit als »Dritter Weg« verkauft wurde, war nichts, das man auf halbem Weg zwischen Markt und Staat finden konnte, sondern ein Pfad mit ganz eigenen Zielen. Gerechtfertigt wurde er auf betont technokratische – aber gleichzeitig, und das wird oft übersehen, auch *moralische* – Weise. Seine Fürsprecher erweckten den Eindruck, eigentlich gehe es nur darum, das Beste von links und rechts zu kombinieren; so ließ sich der Dritte Weg als das schlechthin Vernünftige darstellen. Der britische Sozialtheoretiker Anthony Giddens erwies sich als besonders geschickt darin, Alternativlosigkeit durch ausgiebigen Gebrauch scheinbar widersprüchlicher Ausdrücke wie beispielsweise »utopischer Realismus« zu suggerieren: Realisten schienen hier nicht weniger gut bedient als die vielleicht nicht sehr zahlreichen Menschen, die sich selbst als »Utopisten« verstanden. Auch wirtschaftspolitisch wollte man die beste aller Welten: Marktwirtschaft, aber keine Marktgesellschaft – also keine Ausbreitung ökonomischer Imperative ins Familienleben und was alles sonst zur Welt nach Feierabend gehören mochte. Wer anderer Meinung war als die Vertreter des Dritten Weges, outete sich automatisch als in den Ideologien des 20. Jahrhunderts befangen oder auf irgendeine andere Art unvernünftig.

War das nun »progressiver Neoliberalismus«? Sicherlich hatten New Labour und die rot-grüne Bundesregierung eine im Vergleich zu früheren Epochen, als sozialdemokratische Parteien keineswegs immer eine emanzipatorische Gesellschaftspolitik betrieben, eine Agenda, die für Minderheiten attraktiv war (bei Bill Clinton, der sich vor allem nach seiner Wiederwahl 1996 der Republikanischen Partei immer stärker annäherte, war das eher weniger der Fall). Zudem trat das Führungspersonal, das den Dritten Weg eingeschlagen hatte, auch mit einer stilbildenden Lässigkeit auf. Doch hatte insbesondere New Labour neben Cool Britannia noch ein zweites, ausgeprägt autoritäres Gesicht. So sollten beispielsweise »Anti-Social behaviour orders« Jugendlichen Respekt einflößen, indem man ihnen untersagte, an bestimmten Orten Fußball zu spielen und bestimme Kleidungsstücke zu tragen. (Allerdings zielten die Anordnungen nicht nur auf Jugendliche: In einem Fall wurde einer Frau verboten, beim Sex zu laute Geräusche zu machen.). Auch Bill Clinton verschärfte das Strafrecht drastisch. Die Gefängnisse füllten sich mit Menschen, die sich nur Petitessen hatten zuschulden kommen lassen. Versteht man den Neoliberalismus als eine Ideologie, die vor allem auf Disziplinierung abzielt, kann man hier ruhig von neoliberalen Regierungen sprechen. Besonders progressiv war all dies jedoch nicht.

Der eigentliche Vorwurf derjenigen, die das Schlagwort vom »progressiven Neoliberalismus« im Munde führen, richtet sich jedoch auf die Deregulierung der Finanzwirtschaft (Maßnahmen, die, glaubt man einigen der damaligen Regierungsmitglieder, von den Akteuren selbst nicht immer wirklich verstanden wurden). Bekennende Neoliberale haben sich stets massiv gegen den Vorwurf gewehrt, die Finanzkrise gehe auf ihr Konto (bei der extremen Verschärfung der Ungleichheit sieht das schon anders aus). Die Geldschwemme unter dem langjährigen Vorsitzenden der US-Notenbank Alan Greenspan sei ein Fehler gewesen, der mit Neoliberalismus an sich nichts zu tun gehabt habe; die Unterregulierung vor allem der Finanzmärkte sei auf einen libertären, nicht auf einen neoliberalen Impuls zurückzuführen.

Diese Vorwärtsverteidigung übersieht allerdings, dass der Verdacht, den Figuren wie Hayek stets gegenüber Gewerkschaften und anderen Interessenvertretungen hegten, den Neoliberalen auch gegenüber Investmentbanken und anderen mächtigen Akteuren hätte kommen können: dass sie nämlich de facto Behörden in Besitz nehmen und zu ihren Gunsten Entscheidungen beeinflussen, was in der englischsprachigen Literatur, im Anschluss an den neoliberalen Ökonomen George Stigler, schlicht als »capture« bezeichnet wird.

Der Neoliberalismus – hier gibt es eine Parallele mit dem moralisch motivierten globalen Interventionismus – hat scheinbar eine entpolitisierende Wirkung; es handelt sich um eine Form von Politik, die von ihren Vertretern nach Möglichkeit unsichtbar gemacht wird. Aus der Sicht eines Carl Schmitt könnte man sagen, der Liberalismus habe insgesamt versucht, genuin politische Fragen in ethische und in ökonomische aufzulösen. Statt Konflikte offen auszutragen, habe man die Moralphilosophen diskutieren und die Geschäftsleute verhandeln lassen; in beiden Fällen gab es scheinbar immer klare Ergebnisse und nichts mehr zu hinterfragen. Und manchmal gab es gar eine Konvergenz, etwa wenn die Rechte einzelner Menschen, aber auch Unternehmen als komplementäre Komponenten einer neuen neoliberalen Weltordnung verbrieft werden sollten.[27]

Nach 2008 war von den moralischen Versprechen des Neoliberalismus und der Arbeit an der Seele, die Margaret Thatcher leisten wollte, nicht mehr viel übrig. Die Disziplinierung aber blieb, nicht zuletzt weil sich inzwischen eine ganze Bürokratie etabliert hatte, die auch außerhalb der Wirtschaft, in Universitäten etwa oder im staatlichen Gesundheitssystem, Wettbewerb simulieren sollte. Sie übte durch permanente Evaluationen in vielen Gesellschaftsbereichen Druck aus, kreierte beispielsweise unter Wissenschaftlern in Deutschland ein absurdes System der »Kooperation aller gegen alle« (Jürgen Kaube) und sanktionierte in Großbritannien Millionen von Sozialhilfeempfängern für allerlei triviale Vergehen.[28] Die vermeintlichen »Kunden« des Staates hatten keine Möglichkeiten, ihre »Kaufkraft« irgendwo anders zu nutzen – denn sie hatten gar keine. Der Neoliberalismus bewies seine Alternativlosigkeit nicht mehr normativ, sondern nur noch faktisch: Es ging einfach immer weiter. Und das England, das die Liberalen des kalten Krieges zum Ideal (aber nicht zur Utopie) erklärt hatten, verschwand dabei langsam, aber sicher.

So waren spätestens nach 2008 die Weichen gestellt für mehrere Formen von Liberalismuskritik, die sich zum Teil gegenseitig bestärkten: unter anderen eine populistische Kritik an den heuchlerischen »liberalen Eliten« und eine sehr viel grundlegendere an der »liberalen Moderne« als solcher, bei der Liberalismus und Neoliberalismus als in der Tat untrennbar dargestellt wurden.

2. Schleudertrauma

Immer häufiger hört man, wir lebten im »Zeitalter des Populismus«. Und wer den Begriff »Populismus« verwende, so merkt der Literaturwissenschaftler Albrecht Koschorke an, sei unter den Vorzeichen eines sich polarisierenden politischen Feldes in der Regel dem Gegenlager der »Liberalen« zuzurechnen. Deswegen dürfe, so Koschorke weiter, wer über Populismus rede, vom Liberalismus nicht schweigen.[1] Viele, die sich in diesem Sinne zu Wort melden, werfen Liberalen vor, sie hätten auf den Populismus nur mit Moralisieren reagiert – und damit das Phänomen vielleicht noch verstärkt.[2]

In der Tat gilt es, zu fragen: Welche Fehler genau haben Liberale in unserem Zeitalter vielleicht gemacht? Statt von einem antiliberalen *backlash* auszugehen, sollte man vielleicht eher an *whiplash* denken – also ein Schleudertrauma nach einem Aufprall. Gerade Liberale, die bisher mit einem gewissen Fortschrittsoptimismus meist gut gefahren sind, haben nun plötzlich das Gefühl, auf ein überraschendes Hindernis gestoßen zu sein. Nur: Ist man vielleicht schlecht oder gar ganz falsch gefahren? Wohin soll die Reise eigentlich gehen? Und vor allem: Wer sitzt überhaupt am Steuer? Die »liberalen Eliten«, wie Populisten, aber auch eine zunehmende Zahl journalistischer Beobachter und Wissenschaftler behaupten? Wer sollen die aus soziologischer Sicht eigentlich sein und in welchem Sinne lassen sie sich als »liberal« bezeichnen?

Was ist überhaupt Populismus? Ein Klischee unserer Tage besagt, dass jeder, der Eliten kritisiere oder Wut auf »das Establishment« verspüre, wohl ein für die Demokratie irgendwie gefährlicher Populist sein müsse. Scheint ganz offensichtlich – und doch ist dies, bei näherer Betrachtung, eigentlich ein sehr merkwürdiger Gedanke. Bis vor wenigen Jahren hätte einem jede wohlmeinende Sozialkundelehrerin und jeder politische Bildungsarbeiter erklärt, die Bereitschaft, ein wachsames Auge auf die Mächtigen zu haben, sei ein Zeichen demokratischen Engagements. Und nun, zu Beginn des 21. Jahrhunderts, heißt es plötzlich, Misstrauen gegenüber den Mächtigen sei eine Gefahr für die Demokratie.

Es stimmt natürlich, dass Populisten, wenn sie in der Opposition sind, Regierungen kritisieren. Sie tun aber noch etwas anderes – und das ist das Entscheidende: Sie behaupten stets auf die ein oder andere Weise, nur sie verträten, was bei Populisten häufig als »das wahre Volk« oder als »die schweigende Mehrheit« bezeichnet wird.[3] Aus diesem Alleinvertretungsanspruch folgt zweierlei: Zum einen werden Mitwettbewerber um die Macht als ganz grundsätzlich illegitim abqualifiziert. Da geht es nie nur um Unterschiede in der Sache oder auch Wertfragen, was in einer Demokratie normal, idealerweise sogar produktiv ist. Vielmehr heißt es immer gleich, die anderen seien schlechte – weil korrupte – Charaktere. Was Donald Trump über Hillary Clinton behauptete, war extrem – aber es war für einen Populisten nicht wirklich eine Ausnahme.

Weniger offensichtlich ist, dass Populisten zugleich suggerieren, alle Bürger, die ihr letztlich symbolisches Verständnis des vermeintlich wahren Volks nicht teilten, gehörten eigentlich gar nicht zum Volk dazu. Nigel Farage, derzeit Anführer der Brexit-Partei, redet von »real people« (was ja nichts anderes impliziert, als dass manche vermeintliche Briten eben nicht echt sind); Trump denunziert Kritiker aller Art immer ganz schnell als »unamerikanisch« und fordert in den USA geborene Politikerinnen auf, in »ihre Länder« zurückzugehen.[4]

Das Entscheidende – und Gefährliche – am Populismus ist also nicht das Verdachtsmoment gegenüber Eliten (jeder Bürger darf die Mächtigen kritisieren, was nicht heißt, dass solche Kritik immer gerechtfertigt ist). Als problematisch erweist sich der *Antipluralismus*, also die Tendenz, andere auszuschließen. Dieser Ausschluss geschieht überaus sichtbar auf der Ebene der Parteipolitik und weniger offensichtlich, wenn Populisten Teile des Volkes – mit Vorliebe ohnehin schon verletzliche Minderheiten – für »unecht« (oder gar gleich zu Volksverrätern) erklären.

Auch wenn Populisten regelmäßig von der notwendigen »Vereinigung des Volkes« sprechen, ist ihr politisches Geschäftsmodell eigentlich Spaltung und die Verschärfung von Gegensätzen; gerade weil sie einen homogenen Volkskörper – das »wahre Volk« – imaginieren, müssen sie stets Kulturkampf betreiben, um die »Feinde des Volkes« sichtbar zu machen und das »wahre Volk« von diesen abzugrenzen.

Da kommen vor allem die »internationalen liberalen

Eliten« oder vermeintlichen »Globalisten« wie gerufen. Diese lassen sich nicht nur leicht als Verräter darstellen; sie sind auch deswegen prinzipiell illegitim, weil sie scheinbar keine eindeutige Volkszugehörigkeit haben und den vermeintlich wahren Willen des Volkes nie wirklich umsetzen (eine Wahrnehmung, in der sich beispielsweise britische Brexit-Befürworter immer wieder aufs Neue bestätigt sehen). Gegen die Vorstellung, man müsse aufgrund von Sachzwängen nationalstaatliche Souveränität an internationale, von liberalen Eliten beherrschte Institutionen abgeben, bringen die Populisten dann in Anschlag, was in Europa heute oft als »Souveränismus« bezeichnet wird – eine Doktrin zur unbedingten Verteidigung der nationalen Souveränität.[5]

Man darf darauf hinweisen, dass Populisten hier in mehrerlei Hinsicht gegen einen zusammenfantasierten Feind kämpfen. Grundsätzlich gilt: Nationalismus und Populismus sind unterschiedliche Phänomene; sie weisen allerdings eine Art Wahlverwandtschaft auf. Populisten müssen den homogenen Volkskörper ja irgendwie beschreiben, und da kommt den Rechtspopulisten die – gemeinhin kulturell oder ethnisch verstandene – Nation wunderbar zupass. Nationalisten, ganz vorsichtig gesagt, messen der nationalen Zugehörigkeit eine gewichtige moralische Bedeutung bei. Das heißt jedoch nicht, dass alle Nationalisten automatisch bei Positionen wie »America First«, »Prima gli Italiani« etc. landen müssen. Immerhin wird internationale Kooperation nach wie vor primär mit nationalen Interessen gerechtfertigt (man denke an Aussagen wie »Der Euro ist gut für Deutschland«).

De facto sind so gut wie alle Politikerinnen und Politiker heutzutage in diesem minimalen Sinne Nationalisten. Sie sind keine »Imperialisten«, nur weil sie über Grenzen hinweg zum gegenseitigen Vorteil zusammenarbeiten wollen (wie dies fälschlicherweise eine neue Garde nationalistischer Philosophen suggeriert),[6] wobei die Versprechen nationaler Vorteile eben häufig nicht für alle Mitglieder der Nation eingelöst werden. »Globalisten«, welche wirklich *globale* Gerechtigkeit, und nicht nationale Vorteile, ins Zentrum ihrer politischen Vision stellen, gibt es zwar durchaus; politisch sind sie aber – in vieler Hinsicht muss man sagen: leider – völlig bedeutungslos.

Nicht weniger problematisch sind andere scheinbar empirische, de facto aber moralisch aufgeladene Verallgemeinerungen über »liberale kosmopolitische Eliten«. Der britische Journalist David Goodhart hat mit einer in seinem Buch über die »populistische Revolte«[7] eingeführten Unterscheidung die Richtung der Diskussion vorgegeben: Es gebe, so Goodhart (der sich mit viel medialem Getöse von seinem linksliberalen »Stamm« im Londoner Stadtteil Islington lossagte), eine neue Spaltung in der Gesellschaft, und zwar zwischen *somewheres* und *anywheres*.[8] Auf Deutsch: Einige sind tief in ihrer Heimat verwurzelt und ihrer lokalen oder auch nationalen Kultur aufs Engste verbunden; andere können sich überall zu Hause fühlen. Letztere sind von der Einstellung her liberal und universalistisch; sie seien zudem höher gebildet und würden vor allem besser verdienen. Dieser Konflikt zwischen den vermeintlichen »Stämmen« der Verwurzelten und der Entwurzelten erkläre denn auch den Brexit, die Wahl Trumps etc.

So unmittelbar einleuchtend diese Unterscheidung klingen und so viele konkrete Beispiele aus dem Bekanntenkreis einem zur Illustration (vor allem des einen Typus) spontan einfallen mögen – sie ist irreführend.[9] Empirisch gilt erst einmal, dass die meisten Eliten, und sicherlich die entscheidenden Eliten in Wirtschaft und Politik, immer noch ganz überwiegend *national* sind (es gibt für Hoch- *und* Niedrigqualifizierte »offenere« Gesellschaften wie Großbritannien, aber auch dort rekrutiert sich das Spitzenpersonal sogar in der Finanzwelt hauptsächlich national).[10] Gleichzeitig kann richtig sein, was der Schweizer Historiker Caspar Hirschi angemerkt hat: Die heutigen Wirtschaftseliten sind im Vergleich mit denen des 19. Jahrhunderts kulturell viel offener, sozial aber geschlossener (was zugleich eine hilfreiche Erinnerung daran ist, dass es in der Vergangenheit eben oft Arbeiter, Unterschichten oder rebellische Jugendliche waren, die sich über Grenzen hinweg Populärkultur aneigneten – während wirtschaftliche und andere Eliten gerade auf einem traditionellen Bildungs- und Kulturkanon beharrten).[11] Auch fühlten sich früher – und in vielen Ländern heute noch – nicht die Mächtigen, sondern viel eher Marginalisierte und Minderheiten, die sich eben nicht immer voll und ganz mit einem sie ungerecht behandelnden Nationalstaat identifizieren, als »Weltbürger«; die Gleichung »Je ärmer, ob nun an Besitz oder Bildung, desto heimatverbundener« ist bestenfalls eine Projektion von Rechtspopulisten oder Populismusverstehern, die den »einfachen

Menschen« hier mal eben etwas unterschieben.[12] Heutige Eliten bleiben nicht nur nominell national, auch wenn sie dabei vielleicht weniger Verantwortungsgefühl für »ihren« Nationalstaat an den Tag legen als ihre historischen Vorgänger.[13]

Um Missverständnissen vorzubeugen: Eliten darf, ja muss man oft kritisieren. Dabei aber immer gleich das Internationale (oder gar eine philosophische Position wie Kosmopolitismus) mit hineinzunehmen, ist ein Taschenspielertrick. Denn dadurch werden das Nationale und der Nationalstaat automatisch zur einzigen Hoffnung für das einfache Volk, die Unterdrückten etc. stilisiert; die Möglichkeit, dass nationale Eliten (und vermeintliche Alleinvertreter des Volkes wie der selbsternannte »Rechtsplebejer« Viktor Orbán) vielleicht auch auf Kosten der Unterschichten profitieren, verschwindet unbemerkt aus dem politischen Blickfeld.

Zweitens sind diese Eliten von ihren politischen Einstellungen her keineswegs immer so eindeutig liberal. Die Charakterisierung mag für viele Journalistinnen und Journalisten sowie Professorinnen und Professoren zutreffen, aber kaum für alle (zumal diese Eliten ihr Berufsethos für gewöhnlich ernst genug nehmen und nicht persönliche politische Haltungen Berichterstattung und Lehre bestimmen lassen). Aber diese »Sprecheliten« (Armin Nassehi) sind, mit Verlaub, nicht die wirklich entscheidenden Eliten, die, wie der Soziologe Michael Hartmann zu Recht bemerkt, immer noch in Wirtschaft, Politik, Verwaltung und Justiz zu finden sind. Viele Beobachter sitzen der Suggestion von Journalisten wie David Brooks auf, das kulturelle Kapital sei inzwischen viel wichtiger als die finanziellen oder auch administrativen Entscheidungsbefugnisse, oder zumindest der Vorstellung, ökonomisches und kulturelles Kapital seien heute einfach amalgamiert.[14]

Das soll nicht heißen, dass kulturelles Kapital nicht wichtig wäre – ein Grund, weshalb Macht sich de facto vererbt, besteht ja gerade darin, dass der Besuch von Eliteschulen und vor allem Elite*hoch*schulen Umgangs- und Ausdrucksformen vermittelt, die traditionelle Eliten besonders schätzen.[15] Und damit soll auch nicht verneint werden, dass sich die Unternehmen die Kritik, hierarchische und hochbürokratische Firmen würden den Einzelnen kreative Ausdrucksmöglichkeiten verwehren, nicht geschickt (und produktiv) angeeignet hätten.[16] Daraus folgt aber noch lange nicht, dass kulturelles oder auch »künstlerisches« Kapital in der Gegenwart dominiert oder dass die klischeehaften Bilder von lässigen Männern aus dem Silicon Valley, die in Kapuzenpullis neue Produkte präsentieren, die gesamte Realität widerspiegeln: Es sind immer noch hauptsächlich Ingenieure und Softwareentwickler, die uns unsere schöne neue Internetwelt bescheren.

Drittens sind »kosmopolitisch« und »liberal« ebenfalls zwei verschiedene Dinge (selbst wenn ein Friedrich Schiller bereits Ende des 18. Jahrhunderts vom »liberalen Weltbürger« schwärmte). Jemand mag weltgewandt sein, beispielsweise durch viele Jahre im diplomatischen Dienst; er oder sie ist dadurch aber nicht automatisch toleranter (auch wenn man mehr Lebensformen aus eigener Anschauung kennengelernt hat) oder gar politisch progressiver. Es stimmt zwar, dass bestimmte transnationale Eliten durchaus ähnliche Interessen haben und vor dem Hintergrund geteilter Grundeinstellungen auch leichter kooperieren können. Daraus folgt aber nicht, dass diese Eliten nicht doch immer noch primär im nationalen Rahmen operieren und auch im Selbstverständnis zuallererst partikulare, zum Teil auch nationale, aber doch eher sehr selten Interessen verfolgen, die man auf irgendeine Weise als universell bezeichnen könnte. Goodharts Feststellung, überall hätten *Anywhere*-Politiker das Sagen, wird das Führungspersonal europäischer Nationalstaaten nicht ohne Weiteres mit eigenen Erfahrungen in Einklang bringen.

Es ist darüber hinaus ein Missverständnis, wenn man »liberale Eliten« kurzerhand mit Erben der Ideale der Aufklärung gleichsetzt. Erstens sind diese Ideale bekanntermaßen alles andere als eindeutig. Eine Identifikation mit der eigenen Verfassung oder sogar dem eigenen Nationalstaat lässt sich durchaus mit universalistischen Prinzipien vereinbaren und rechtfertigen (Stichwort Verfassungspatriotismus). Dasselbe gilt jedoch für das »Abheben« zu einer philosophischen Haltung, wo einem sechstausend Kilometer entfernt lebende Menschen moralisch genauso nahe stehen wie die Einwohner der eigenen Stadt. Was überhaupt als »globale Sichtweise« gelten kann, die für liberale Kosmopoliten angeblich stets Vorrang vor »lokalen Perspektiven« hat, versteht sich keineswegs von selbst.[17]

Schließlich sei noch daran erinnert, dass die Bezeichnungen, die Sozialwissenschaftler für die Parteien des neuen Konflikts gefunden haben, nicht immer so wertneutral sind, wie es auf den ersten Blick scheinen mag. »Kosmopoliten vs. Kommunitaristen« ist nicht unbedingt wertend, unterstellt den beiden Seiten jedoch kohärente Weltbilder und Werte, obwohl sich in der sozialen Wirklichkeit bei den meisten Menschen wohl »Weltoffenheit« und Sehnsucht nach geordneter Heimat vermischen.[18] Zudem kommen politische Inhalte und materielle Interessen nicht immer automatisch zur Deckung: Ist ein Facharbeiter in der deutschen Exportindustrie wirklich am besten als »Kommunitarist« zu verstehen?[19]

Wenn wiederum von Kosmopoliten als »Stamm« die Rede ist, wird auf nicht gerade subtile Weise suggeriert, die vermeintlichen Universalisten unterlägen einer Selbsttäuschung: Sie seien nämlich auch nur eine »tribalistische Erscheinung« (und sollten sich gefälligst nicht einbilden, die eigenen Prinzipien seien weniger relativ als die aller anderen »Stämme«). Dabei wird ausgeblendet, dass ein wohlverstandener Universalismus sich gerade nicht als immer schon gesichert und abgeschlossen betrachtet, sondern auf Kritik (und Selbstkritik) angewiesen bleibt. Besonders pikant ist überdies, dass Antiliberale, die dem Liberalismus bei jeder Gelegenheit einen *Anything-goes*-Relativismus vorwerfen, mit ihrem Gerede von »Tribalismus« selbst von einem Weltbild ausgehen, in dem sich partikulare Zugehörigkeiten (und vom eigenen Stamm abhängige Erkenntnisse) gar nicht überschreiten lassen.

Kurzum: Die Vorstellung, zwanzig bis dreißig Prozent der Bürger westlicher Gesellschaften seien genuine Universalisten und aus diesem Milieu rekrutierten sich auch die Eliten, welche die Geschicke bestimmen, ist, wie soll man sagen, *weltfremd*. Trotzdem ist es Populisten, aber auch professionellen Populismusverstehern wie David Goodhart, der sich als »stolzer Postliberaler« etikettiert, gelungen, das simple and ahistorische Feindbild der »liberalen Eliten« zu etablieren. Viele Menschen sind überzeugt, dass diese als »globale Klasse« im entsprechenden Teil des Flugzeugs über den Dingen schweben, dass sie auf ihre in irgendeiner Form verwurzelten Mitbürger herabblicken und auf heuchlerische Weise gegen die »Zurückgebliebenen« moralisieren.

Liberale gegen Populisten, Heuchler gegen Hasser? Momente einer verfehlten Auseinandersetzung

Der erste Eindruck stimmt durchaus: Viele im weitesten Sinne »liberale« Akteure haben auf Populismus – hier verstanden als eine Form des Antipluralismus – primär mit moralischer Exklusion reagiert. Als Parteien wie die AfD zu erstarken begannen, antworteten viele Politikeinnen und Politiker darauf mit der Forderung nach einem möglichst kompletten Ausschluss: Man wollte nicht mit Populisten in Talkrunden auftreten; wenn sie schon Sitze im Parlament hatten, versuchte man, sie zu ignorieren oder verließ demonstrativ den Saal, wenn sie das Wort ergriffen (mancher wird sich vielleicht noch erinnern, wie Jean-Marie Le Pen vor einer leeren Nationalversammlung donnernde Reden hielt).

Die Strategie des totalen Ausschlusses war gleich doppelt verfehlt: Sie funktionierte strategisch so gut wie nie (zumindest wenn man davon ausgeht, das strategische Ziel bestehe darin, die populistischen Parteien politisch kleinzukriegen); und sie ist zudem aus einer demokratietheoretischen Sicht zutiefst problematisch. Praktisch ist der Ausschluss kontraproduktiv, weil er das Narrativ der Populisten, die liberalen Eliten kümmerten sich nicht um die Anliegen ihrer Anhänger und sie seien die Einzigen, die Tabuthemen ansprechen, aufs Wunderbarste bestätigt. Sind populistische Parteien einmal in ein Parlament gewählt, steht man vor dem tiefer gehenden demokratietheoretischen Problem, dass man mit einem Ausschluss unter Umständen allen Bürgern, die sie gewählt haben, die politische Repräsentation verweigert. Es wäre ein Kurzschluss anzunehmen, alle Wähler, die ihr Kreuz bei populistischen Parteien gemacht haben, seien selbst ebenfalls eingefleischte Antipluralisten.[20] Von den Parteianführern wissen wir es – denn sie sagen es uns wieder und wieder in aller Öffentlichkeit. Von den Wählern wissen wir es größtenteils nicht. Und manche dieser Wähler hegen möglicherweise politische Vorlieben, die mit der Ausgrenzungsrhetorik der Populisten rein gar nichts zu tun haben (zum Beispiel eine starke Industriepolitik). Wer erst gar nicht mit Populisten redet, kann auch schwer über diese Anliegen reden – und schneidet damit zumindest indirekt einigen Bürgern de facto das Wort ab.

Hillary Clinton ist viel gescholten worden für ihre Bemerkung, Trump-Wähler seien schlicht »deplorable« – also erbärmlich (oder noch schärfer übersetzt: verachtungswürdig). Nun war und ist viel von dem, was Trump von sich gibt, verachtungswürdig, und es wäre naiv zu verneinen, dass ein signifikanter Anteil seiner Wähler genau diese hetzerische Rhetorik goutiert. Das eigentlich Skandalöse an Clintons Statement war jedoch, dass sie die Trump-Anhänger überdies als »irredeemable« (also unrettbar) verdammte. Demokratie basiert auf der Erwartung, dass Bürger ihre Meinung auch mal ändern (wozu überhaupt Wahlen, wenn alle immer gleich abstimmen?). Zu behaupten, da seien einige einfach nicht zu retten, ist eine zutiefst undemokratische Vorstellung. So tappte Clinton in die Falle, sich gegenüber den Populisten rein symmetrisch zu verhalten nach dem Motto: »Weil ihr andere ausschließt, schließen wir jetzt euch aus.« Es sei dahingestellt, ob man das »Moralismus« nennen möchte; strategisch und normativ fehlgeleitet ist es allemal.

Die Versuchung hat nun freilich häufig darin bestanden, ins andere Extrem zu verfallen. Oft genug haben sogenannte »Mainstream-Politiker« ihre Meinung über ihre populistischen Gegner radikal geändert: Am Anfang heißt es, die Populisten seien reine Demagogen, die den Leuten falsche Versprechen machten, Postfaktiker, denen man kein Wort glauben dürfe – und dann behauptet man plötzlich das genaue Gegenteil: Die Populisten wüssten vielleicht doch etwas über die wahren »Sorgen und Nöte« der Bürger, die sonst niemand verstanden habe. Mit anderen Worten: Man schreibt bei Wahlen erfolgreichen Populisten eine Art Monopol auf ein soziologisches Spezialwissen zu. Und der nächste Schritt ist dann offensichtlich: Man fängt an, ihnen nach dem Mund zu reden. Denn sie sagen ja die Wahrheit!

Auch hier gilt: strategisch falsch und aus demokratietheoretischer Sicht hochproblematisch. Zum einen wird dieser paradoxe Ansatz einer »Destruktion durch Imitation« schlichtweg nicht funktionieren.[21] Egal wie schnell man Rechtspopulisten hinterherrennt, sie werden einem bei Themen wie Einwanderung und Flüchtlingspolitik immer einen Schritt voraus sein (und stets neue, schärfere Forderungen stellen). Nicolas Sarkozy musste das 2016 verdientermaßen schmerzlich erfahren, als sein politisches Comeback, das größtenteils darin bestand, Marine Le Pen nachzuplappern, kläglich scheiterte. Denn im Zweifelsfalle gilt auch: Wenn etablierte Politiker die Positionen der Populisten erst einmal legitimiert haben, wählt man doch lieber das Original als die blasse Kopie.

Es gibt aber auch hier noch viel weiter gehende Probleme. Der, man kann es nicht anders nennen, *Opportunismus des Mainstreams* führt häufig dazu, dass sich das politische Spektrum insgesamt langsam, aber sicher verschiebt – im gerade diskutierten Fall nach rechts. Viele Wähler von Mainstream-Parteien wollen nämlich gar nicht unbedingt die Verschärfungen, welche die opportunistischen Parteiführer des Mainstreams vornehmen – sie wählen einfach wie gewohnt, was ihnen als gemäßigte Parteien erscheint. Irgendwann landen sie dann aber bei Fragen wie Einwanderung und Flüchtlingspolitik so weit rechts, wie es in den vergangenen Jahren in Dänemark und den Niederlanden geschehen ist. Um es gleich dazuzusagen: Ein restriktiver Ansatz ist nicht automatisch undemokratisch – das Problem besteht vielmehr darin, dass hier ein tief greifender Wandel stattgefunden hat, der nie umfassend demokratisch autorisiert wurde. Und, noch problematischer: dass vermeintliche Mainstream-Akteure systematisch Furcht vor Minderheiten schüren und gesellschaftsfähig machen, was einst als extremistische Hetze galt.

Man denke an Mark Rutte, der sich in Abgrenzung zu dem Rechtspopulisten Geert Wilders als liberal und proeuropäisch präsentiert. Ebenjener Rutte ließ vor den Parlamentswahlen 2017 Anzeigen schalten mit der Aufforderung »Verhalte dich normal oder verlasse das Land«. Das macht zwar aus Rutte keinen Populisten – er behauptet nicht, der einzig legitime Vertreter des niederländischen Volks zu sein. Aber es ist auch nicht die Aufgabe eines Regierungsoberhauptes, in einem Land so etwas wie kulturelle »Normalität« vorzuschreiben. Rutte schürte ebenjene Furcht vor vermeintlich »anormalen« Minderheiten, die für das politische Geschäftsmodell eines Wilders (und eines Baudet) grundlegend ist.

Man muss den politischen Akteuren nicht *zwangsläufig* immer Opportunismus vorwerfen (vielleicht wäre das auch schon wieder »Moralisieren«?). Viele von ihnen mögen unter Umständen ehrlich überzeugt sein, dass sich in der Demokratie eine »Repräsentationslücke« aufgetan hat, die findige populistische Politunternehmer aufgespürt und schließlich geschlossen haben. Daraus folgt dann, dass man die Wünsche der – um im Bild zu bleiben – Kunden dieser politischen Entrepreneure ernst nehmen müsse.[22]

Nur: Die ganze Logik der »Repräsentationslücke« beruht auf einer irreführenden Vorstellung davon, wie demokratische Repräsentation funktioniert. Hier wird vorausgesetzt, es handle sich um eine Art mechanische Reproduktion immer schon vorhandener Interessen oder sogar Identitäten. Letztere sind, so nimmt man weiter an, objektiv gegeben, werden vom populistischen Politiker entdeckt und dann mechanisch im politischen System abgebildet.

Dabei ist es viel plausibler, demokratische Repräsentation als einen dynamischen Prozess zu verstehen, in dem sich die Interessen – ja sogar zum Teil die Identitäten – der Bürger nicht zuletzt durch die »Repräsentationsangebote« seitens der Politik (aber auch durch die Zivilgesellschaft, durch Freunde und Verwandte etc.) herausbilden – und eben auch immer wieder ändern können.[23] Damit soll nicht suggeriert werden, hier sei alles nach Belieben manipulierbar. Aber es soll gesagt sein, dass es sehr viel mehr Spielraum in der Beschreibung von Interessen, Identitäten – und letztlich auch gesellschaftlichen Konflikten – gibt, als die statische Vorstellung von der Repräsentationslücke nahelegt.

Es ist zum Beispiel keineswegs so offensichtlich, dass die oft beklagten Konflikte zwischen vermeintlich »kosmopolitischen Metropolen« mit ihrer »verweltbürgerlichten Linken« (Wolfgang Streeck) und den »abgehängten« Leuten auf dem Lande letztlich kulturelle sind. Es ist wohl richtig, dass manche vermeintlich »zurückgebliebene« Lebensformen generell unterrepräsentiert sind oder, wenn sie repräsentiert werden, im Zweifelsfall der Lächerlichkeit preisgegeben werden – man denke an die Appalachen in den USA. Oder man vergegenwärtige sich, wie selten von den maßgeblichen britischen Medien über Gegenden außerhalb des englischen Südostens berichtet wird. Und doch hat das Gefälle zwischen Stadt und Land vermutlich eher ökonomische als in irgendeinem plausiblen Sinn »kulturelle« Gründe. Um nur für den einen Fall ein paar zu nennen: Seit die US-amerikanische Luftverkehrsbranche Ende der siebziger Jahre dereguliert wurde, fliegen viele Gesellschaften abgelegenere Städte aus Kostengründen nicht mehr an oder offerieren nur enorm teure Tickets; die Community Savings Banks schlossen ihre Türen; die Gruben brauchten immer weniger Kohlearbeiter, und gleichzeitig wurden die Gewerkschaften immer schwächer.[24]

Auch die Bewegung der *gilets jaunes* muss man vielleicht weniger als kulturellen Protest des »peripheren Frankreichs« und eher als ein Signal verstehen, dass Emmanuel Macron sich offenbar nicht viele Gedanken darüber gemacht hatte, welche Auswirkungen seine Politik auf die Lebenswirklichkeit mancher Bürger haben könnte – eine Wirklichkeit, in der man auf Gedeih und Verderb auf ein Auto angewiesen ist (die Erhöhung der Kraftstoffpreise mochte angesichts der globalen Erwärmung gerechtfertigt sein – aber die Protestierenden trieb vielleicht weniger das Ende der Welt um als das Ende des Monats).[25] Man fühlte sich im wahrsten Sinne des Wortes übersehen (weswegen die gelbe Warnweste symbolisch so effektiv war), aber nicht unbedingt kulturell zurückgesetzt.[26]

Damit soll keinem kruden Ökonomismus das Wort geredet sein – aber bevor man stets sofort mit den immer gleichen und spontan eingängigen kulturellen Erklärungsmustern bei der Hand ist, sollte man sinnvollerweise fragen, ob Identitäten und vor allem Interessenkonflikte nicht auch ganz anders plausibel darstellbar wären.[27] Und dann wird man oft genug sehen, dass Menschen ihre gelebte Erfahrung nicht ohne Weiteres so verstehen, wie es die Storys suggerieren, die Populisten zu ihren Wahlerfolgen immer gleich mitliefern.[28]

Insbesondere wird man wohl auch erkennen, dass die gelebte Erfahrung selten darin besteht, dass vermeintlich »einfache Leute« ständig hilflos der »kulturellen Arroganz« urbaner Eliten ausgeliefert sind. Teil der *Mea-culpa*-Exerzitien vieler Liberaler ist bekanntlich die Forderung, man dürfe sich nicht länger über die Mitbürger auf dem Land erheben oder sich gar über diese »lustig machen«. So bereut ein bekennender Liberaler seine »wahrhaft destruktive Neigung, stärker traditionsverbundene Gesellschaftsgruppen [...] geringzuschätzen und runterzumachen«.[29] Ich will nicht behaupten, der Betreffende habe nicht vielleicht Grund zur Reue. Auch will ich nicht behaupten, man könne gar keine Beispiele für die monierte »kulturelle Arroganz« finden – vielen werden da vielleicht konkrete Beispiele aus langen Kreuzberger oder Prenzlauer-Berg-Nächten einfallen. Aber erstens ist immer noch fraglich, wie verbreitet dieses Phänomen wirklich ist – die sogenannten liberalen Eliten haben vielleicht doch genug andere Gesprächsthemen. Und zweitens geschieht dieses »Runtermachen« wohl eher selten in der konkreten Kommunikation unter Anwesenden. Was allerdings stimmt, ist, dass den vermeintlichen Opfern von interessierter Seite ständig suggeriert wird, die liberalen Eliten würden sie verachten. Man denke beispielsweise an Fox News oder die rechten Radiosender in den USA, die Kulturkampf und Ressentimentproduktion zu ihrem Geschäftsmodell gemacht haben. Interessanterweise scheinen Liberale irgendwann selbst an diese Erzählungen zu glauben. Anscheinend ist es einfacher zu akzeptieren, dass die Leute Trump gewählt haben, weil die Liberalen nicht nett zu ihnen waren, als sich Gedanken darüber zu machen, ob an dem Eindruck, die Demokraten seien zu eng mit Wall-Street-Oligarchen verbandelt, empirisch vielleicht doch etwas dran ist.[30]

Darüber hinaus wirkt die Aufforderung »Seid nett zueinander!« politisch, gelinde gesagt, infantil. Dass es Vorurteile sogar bei hochgebildeten Liberalen gibt – geschenkt. Aber vielleicht bringen Letztere ja manchmal auch substanziell begründete Kritik an bestimmten Lebensformen vor, mit der man sich auseinandersetzen muss, anstatt sie mit dem Argument abzuwehren, das sei jetzt aber nicht so nett gegenüber »traditionsverbundenen Gesellschaftsgruppen«. Traditionelle Familienmodelle mit männlichem (unter Umständen rechtlich auch noch privilegiertem) Haupternährer – um nur ein plakatives Beispiel zu nennen – werden von Liberalen nicht allein deshalb kritisiert, weil sie »traditionell« oder »provinziell« wären, sondern weil sie in vielen Fällen horrend ungerecht oder de facto unterdrückerisch sind.

Außerdem gilt es immer noch, zu unterscheiden zwischen öffentlichen politischen Auseinandersetzungen in Parlamenten oder Medien, bei denen »Runtermachen« Teil des Geschäfts sein darf (ein Herbert Wehner war auch nicht immer nett in Bundestagsdebatten), und Begegnungen unter Bürgerinnen und Bürgern, bei denen in der Tat viel schneller der Eindruck entsteht, hier werde man nicht als Anhänger bestimmter politischer Positionen angegriffen, sondern prinzipiell aus der politischen Gemeinschaft ausgeschlossen. Man darf politische Gegner im Parlament lächerlich machen; man darf sie rhetorisch hart anfassen, ohne dass man ihnen dadurch die Legitimität abspräche oder sie gar als Feinde behandelte – alle diese Binsenweisheiten dürften selbstverständlich sein für jeden, der sich daran erinnert, dass es bei Demokratie um Konflikte und nicht um Konsens geht. Natürlich müssen diese Konflikte friedlich – und so irgend möglich zivilisiert – ausgetragen werden. Aber das lässt immer noch einigen Spielraum für gekonntes Runtermachen.

Nun soll nicht suggeriert werden, man müsse Bürgern, die sich von liberalen Eliten – ob nun zu Recht oder Unrecht – kulturell zurückgesetzt fühlen, nur schnell ein anderes Repräsentationsangebot machen, und der populistische Spuk sei vorbei. Selbstwahrnehmungen verfestigen sich über die Zeit: Wer lange genug nicht nur von der AfD, sondern auch von allen anderen als typischer »AfD-Wähler« angesprochen wird, der wird sich irgendwann auch selbst so sehen. 2016 gab es wohl noch nicht wirklich eine »trumpistische Bewegung« (im Gegensatz zur Tea Party 2009/10, wo sich Hunderte Bürger aufopferungsvoll engagierten). Heute ist das anders: Noch lange nach Trump werden sich viele Amerikaner, die nicht nur von Trump, sondern auch von allen anderen als hartgesottene weiße Nationalisten (wenn nicht gar gleich als Rassisten) angesprochen wurden, primär als »Trumpisten« verorten.

Es gilt schließlich, noch eine weitere typische Falle zu identifizieren, in die Liberale immer wieder laufen. Wenn ein Trump mindestens einmal am Tag lügt, liegt der Schluss nahe: Unsere Seite hat die Wahrheit und auch die Rationalität gepachtet; die anderen sind durch die Bank postfaktische Politiker. Von hier ist es dann aber nur noch ein Schritt hin zu einer Attitüde, die sich verkürzt, aber nicht falsch als *technokratisch* bezeichnen lässt: Man behauptet, es gebe die *eine* rationale Lösung für jede politische Frage; wer diese nicht akzeptiere, entlarve sich als unvernünftig. Debatten oder auch parlamentarische Auseinandersetzungen seien da gar nicht mehr wirklich nötig.

Eine solche Haltung – die hier sehr karikaturhaft dargestellt wird, aber doch beispielsweise aus der Zeit der Eurokrise vertraut sein sollte und sehr anschlussfähig ist an die Dritter-Weg-Diskurse der neunziger Jahre – liefert wiederum eine Steilvorlage für Populisten. Denn diese können dann mit guten Gründen fragen, was das denn bitte schön heißen soll, eine Demokratie ohne Wahlmöglichkeiten oder auch eine Demokratie, in der das Volk überhaupt nicht mehr gefragt werden muss. Wenn dann wiederum Populisten an den Wahlurnen reüssieren, werden Technokraten ihre Meinung über die Vernunft des Volkes weiter nach unten korrigieren und versuchen, noch mehr Entscheidungen an Behörden und andere nicht gewählte Akteure zu übertragen. Das wiederum wird die Populisten zusätzlich anfeuern – und so weiter und so fort. Man sieht: Hier entsteht ein Teufelskreis. Weniger offensichtlich ist, dass die beiden vermeintlichen Extreme Technokratie und Populismus auch etwas gemeinsam haben. In beiden Fällen handelt es sich um Spielarten des Antipluralismus. Bei den Technokraten gilt de facto: Es gibt nur eine Lösung; wer widerspricht, outet sich als unvernünftig. Bei den Populisten heißt es: Es gibt nur einen authentischen Volkswillen (und nur die Populisten kennen ihn); wer widerspricht, zeigt, dass er ein Volksverräter ist. Alles, was Demokratie eigentlich ausmacht – substanzielle Wahlmöglichkeiten, Debatten über Handlungsalternativen, Entscheidungen, die als revidierbar verstanden werden – verschwindet dann zwischen den vermeintlichen Extremen Technokratie und Populismus, welche letztlich alle beide Formen von »Alternativlosigkeit« sind.

Hier setzen Liberale – wieder einmal! – auf Entpolitisierungsstrategien. Damit sind sie oft genug gut gefahren. Aber auch nichtgewählte Institutionen wie Zentralbanken und Verfassungsgerichte sind letztlich darauf angewiesen, in ihrer politischen Umwelt als legitim zu erscheinen. »Die Vernunft« entscheidet Fragen, die eben auch politisch sind, nicht in einem Vakuum. Daraus folgt nicht, dass liberale Strategien automatisch heuchlerisch sind. Aber sie bedürfen einer Begründung, die zeigt, dass sie besser sind als mögliche Alternativen. Auf diesen Punkt wird zurückzukommen sein.

Der nicht ganz so neue Geist des Antiliberalismus

Es gibt einen neuen antiliberalen Affekt. Dieser findet sich vor allem bei Denkern auf beiden Seiten des Atlantiks, die sich noch vor nicht allzu langer Zeit als dezidiert konservativ bezeichnet und von dem abgesetzt hätten, was heute als mehr oder weniger rassistische Neue Rechte und in den USA als »far right« oder »alt-right« firmiert.[31] Affekt soll nicht heißen, dass sich hier gar keine Argumente finden ließen. Aber es gibt auch etwas, das man vielleicht – ohne ins Psychologisierende zu verfallen – als apokalyptischen Impuls bezeichnen kann, nach dem Motto: Wenn man schon nicht genügend Menschen à la Thierry Baudet »entliberalisieren« kann, dann zur Hölle mit dem ganzen System!

Praktisch bedeutet dies, dass antiliberale Denker bereit sind, im Namen der von ihnen verfochtenen substanziellen Wertvorstellungen eine Allianz mit Parteien einzugehen, die schon kräftig daran arbeiten, die Demokratie als solche zu untergraben. Das ist ebenfalls nicht neu. Viele derzeit strapazierte Analogien mit den zwanziger und dreißiger Jahren sind irreführend; es soll hier auch nicht behauptet werden, die Rechtspopulisten unserer Tage ließen sich als Wiedergänger des Faschismus verstehen. Aber gerade bei Intellektuellen, deren Antiliberalismus aus christlichen Quellen schöpft, ist die Tendenz eindeutig – vielleicht aus schierer Verzweiflung über eine vermeintlich unrettbar durchliberalisierte Welt –, als letztes Mittel auf autoritäre Lösungen zu setzen oder zumindest mit Autoritären taktische Allianzen einzugehen. Man sieht im Kulturkampf keine Gegner mehr, sondern Feinde, die es auszuschalten gelte. Und wenn der eigene Kulturkampf sich mit dem der Rechtspopulisten – die, so hofft man, die Massen mobilisieren – zumindest teilweise deckt, kann man eine Wirkungsmacht entfalten, welche früheren dezidiert illiberalen Konservativen verwehrt blieb.

Drei Aspekte des neuen Antiliberalismus stechen hervor. Recht traditionell ist die Kritik, wonach der Liberalismus auf einer fehlgeleiteten oder zumindest relativ vulgären »Anthropologie« beruhe: statt Tugendhaftigkeit egoistische Interessen; statt Selbstdisziplin zügelloses Verfolgen mehr oder weniger arbiträrer Ziele. Und zwar in einer Welt, die Freiheit nur negativ versteht, nämlich als Abwesenheit von Einschränkungen des Marktes sowie von moralischen und kulturellen Normen, die der individuellen Willkür Grenzen setzen könnten. Die liberale Moderne, so der polnische Platon-Experte (und Europaabgeordnete) Ryszard Legutko, legitimiere ein systematisches Herunterfahren von Erwartungen; ihr »anthropologischer Minimalismus« habe die Illusion geschaffen, jeder Mensch besitze Würde, wo doch die vormoderne philosophische (wenn schon nicht anthropologische) Vorstellung korrekter sei, Würde müsse man sich erst einmal verdienen: durch ein Handeln im Einklang mit höheren, von einer Gemeinschaft oder einer Religion auferlegten Maßstäben.[32] Befreiung von allen Zwängen bedeutet am Ende: Emanzipation ins Leere. Die Wahrheit über den Liberalismus ist der Nihilismus.

Neben dieser relativ konventionellen Grundsatzkritik

an den »Kräften des ständigen Fortbringens, Abservierens und Auslöschens« (Botho Strauß) findet sich dann eine für Reaktionäre typische Erzählung, wonach »der Liberalismus« in vielerlei Hinsicht stets genau das Gegenteil von dem erzeuge, was er ursprünglich versprochen habe (wobei »der Liberalismus« hier kurzerhand auf ein paar Zitate von Thomas Hobbes und John Locke reduziert wird). Liberalismus – das war einmal die Verheißung von Autonomie für mit Rechten ausgestattete Individuen; geschaffen habe er jedoch eine verwaltete Welt, in der die Einzelnen »unsicher, machtlos, furchtsam und allein« seien.[33] Die liberale Moderne sei von einem Dualismus gekennzeichnet, der sich mit dem paradoxen Begriff »etatistischer Individualismus« fassen lasse: Auf der einen Seite das »befreite«, aber auch völlig entwurzelte Individuum, das vor allem als souveräner Konsument entscheide (auch über Abtreibung und Sterbehilfe bzw. Tötung »auf Verlangen«); auf der anderen Seite der alles »kontrollierende Staat«, der dem Einzelnen Autonomie sichern wolle und sich daher ständig regulierend in die Angelegenheiten der Menschen einmischen müsse.

Diese Diagnose lässt sich dann konkretisieren anhand von Beispielen für das Wirken einer vermeintlichen »Sprachpolizei« an Universitäten oder für die Gängelung religiöser Gemeinschaften, die der amerikanische Staat zwingt, sich an den Kosten zu beteiligen, wenn ihre Angestellten sich von der Krankenkasse Verhütungsmittel erstatten lassen.[34] Ganz allgemein zerstöre der Staat alle Gemeinschaften, die zwischen ihm und den Einzelnen stehen – und damit auch die Normen, welche dem Individuum Halt und Orientierung geben, um Freiheit anders denn als schiere Willkür zu leben. Das Ergebnis sei eine »atomisierte Masse«, eine Vision, die auch schon liberalen Denkern wie Alexis de Tocqueville Furcht einflößte.

Mit den einzelnen Gemeinschaften – ob nun Familien, Nachbarschaften oder Kirchengemeinden – reduziere der Liberalismus de facto auch die Vielfalt in der Gesellschaft. Eine Ideologie, die sich Diversity auf die Fahnen schreibe, produziere eine homogene Welt, in welcher der Einzelne nicht mehr wirklich verschiedene Kulturen (und Normen) erlebe, sondern (mit einem Wort des katholischen politischen Theoretikers Patrick Deneen) eine einzige »Antikultur«.[35] Der Liberalismus toleriere alle Lebensformen, solange diese sich an liberale Vorgaben hielten, lautet der (auch nicht ganz neue) Vorwurf.

Neben dem, was man die Dialektik des Liberalismus nennen könnte, findet sich zu guter Letzt noch eine spezifische, angeblich empiriegestützte Vorhersage zum weiteren historischen Schicksal. Der Liberalismus, so die Behauptung, untergrabe sich selbst. Im Prinzip ist man hier ganz bei Fukuyama, auch wenn man ihm nicht namentlich die Ehre erweist. Der Liberalismus sei ein Gebilde, wo alles zusammenpasst und auch notwendig immer zusammengehört – Freiheitsrechte für Minderheiten und neoliberaler Kapitalismus seien aus einem Guss. Man geht zudem mit Fukuyama d'accord, der Liberalismus – verstanden nicht als Versprechen auf Anerkennung der Einzelnen, sondern als Befreiung von allen Zwängen – habe sich weltweit durchgesetzt. Und genau das sei das Problem! Denn der Liberalismus lebe von moralischen

Ressourcen wie Gemeinschaftssinn, die er selbst nicht erneuern könne. Der Liberalismus, so seine Kritiker, produziere ständig Krisen, welche durch die Verabreichung noch stärkerer Dosen von Liberalismus nur weiter verschärft würden. Indes, eine wirkliche Lösung haben die neuen Antiliberalen nicht im Angebot, außer dem Aufruf, sich in lokale Gemeinschaften zurückzuziehen, Tugenden zu kultivieren – und das Ende abzuwarten. Was danach kommen könnte, wird nur angedeutet: Die Leere, die der Liberalismus hinterlässt, muss wieder mit einem »Höchsten Gut« gefüllt werden – das offenbar nur theologisch zu verstehen ist.[36]

Es wird deutlich, dass die neuen Antiliberalen ihr Verhältnis zum Kapitalismus nicht geklärt haben. Man wirft den Liberalen Heuchelei vor: Versprechen von Chancengleichheit würden systematisch durch pseudomeritokratische Prozesse konterkariert, die zugunsten der liberalen Eliten manipuliert seien. Ob sich die Wettbewerbslogik der kapitalistischen Wirtschaft einhegen lässt oder ob sie zugunsten einer verwurzelte Gemeinschaften schonenden Alternative ganz abgeschafft werden muss, das erfährt man nicht.

Zwar macht die Kritik an einem Liberalismus, der vermeintlich Neoliberalismus mit der progressiven Befreiung von moralischen Zwängen (und, nicht zuletzt, Identitäten) verbindet, auch Anleihen bei Theoretikerinnen und Theoretikern, die man pauschal als links bezeichnen könnte. Aber die Argumente müssen immer wieder auf das vermeintlich »Natürliche« und religiös Unhintergehbare rekurrieren, um nur ja nicht in die Nähe des (eigentlich naheliegenden) Gedankens zu geraten, die Auswüchse der Moderne ließen sich vielleicht immer noch am plausibelsten im Namen von Freiheit und Gleichheit anprangern. Vor allem aber muss stets insistiert werden, ein Liberalismus, der individuelle Rechte sichere, lasse sich nicht von brutalsten Formen des Kapitalismus trennen – beides sei immer nur zusammen, als nahtloser Block zu haben.[37]

Konservative, denen bei der Vorstellung, Religion in nicht mehr sonderlich religiös gestimmten Gesellschaften zur Legitimation staatlichen Zwangs gegenüber Individuen heranzuziehen, doch etwas unwohl wird, bemühen als eine Art zweitbeste Lösung die Nation. Die Nation befriedigt die Sehnsucht nach gewachsenen, quasi organischen Gemeinschaften nicht wirklich; sie ist auch nicht das beste Beispiel für unverbrüchliche Loyalität (auch wenn sich selbst als »national Konservative« deklarierende Denker noch so oft behaupten, die Nation sei wie eine große Familie). Sie erlaubt es aber, eine Geste in Richtung Demokratie – das Volk wehrt sich gegen die Globalisierung – und in Richtung Solidarität zu machen – die Mitglieder der Nation müssen sich gegenseitig unterstützen. All diese Manöver vermeiden freilich den eigentlich plausiblen Schluss, die »linken« Folgerungen aus diesen Ideen zu ziehen und sich direkt für Demokratie und Solidarität auszusprechen.

Heute sind Vertreter dieses neuen Antiliberalismus bereit, mit Rechtspopulisten Allianzen einzugehen, solange Letztere geloben, die von Natur, Religion und genuiner nationaler Kultur vermeintlich vorgegebenen Normen zu schützen. Selbsterklärte illiberale Demokraten wie Viktor Orbán werden von Integralisten aller Art unterstützt, weil sie sich in Sachen Familienpolitik trauen, das moralisch und religiös Richtige zu tun und ihre Staaten auf das »Höchste Gut« ausrichten. Dabei ist es offenbar zweitrangig, dass die illiberalen Regierungen in Ungarn und Polen politische Grundrechte untergraben – manchmal werden diese Grundrechte, ebenso wie Gewaltenteilung, sogar kurzerhand dem Liberalismus zugeschlagen und gegen ein authentisches Verständnis von Demokratie ausgespielt (ein ideenpolitisches Manöver, auf das ich im vierten Kapitel näher eingehen werde).

Festzuhalten bleibt: Eine neue Fundamentalkritik am Liberalismus kann im Verbund mit Rechtspopulisten wirkmächtig werden, selbst wenn diese Kritik sich zum Teil als explizit elitär, wenn nicht gar aristokratisch darstellt (wie bei einem Legutko, für den Würde – und Ehre – erst einmal erworben werden müssen). Populismus ist zwar nicht an sich antiintellektuell, aber ein Appell an den gesunden Menschenverstand, der sich in der Tat bei vielen Populisten findet, verträgt sich gut mit den Verzweiflungstaten antiliberaler Denker, welche die Universitäten an den Feind – also die politisch korrekten liberalen Eliten – verloren geben und sie daher kurzerhand schließen wollen.[38]

Leidenserfahrungen in der heutigen Welt werden so pauschal einem einheitlichen Subjekt namens »Liberalismus« zugeschrieben, das seit Jahrhunderten wirkt und sich die Welt nach seinem Bilde zurechtmacht. Dieser universalistische Liberalismus, so heißt es, sei eine imperialistische Ideologie, die Unterschiede im Namen eines abstrakten Ideals der Autonomie einebne:[39] Es gibt und kann nur *einen* Liberalismus geben.

3. Shklars Karte

Als Judith Shklar 1989 ihren Aufsatz über den Liberalismus der Furcht veröffentlichte, versuchte sie, ihn zwischen zwei bekannteren Spielarten zu verorten: dem Bildungs- oder Selbstvervollkommnungsliberalismus auf der einen und dem Liberalismus der Rechte auf der anderen Seite. Das war mit groben Strichen gezeichnet, aber die sich daraus ergebende Landkarte des politischen Denkens war nicht falsch. Wobei die Frage ist, wie eine akkurate eigentlich aussehen müsste.

Sicherlich lässt sich die Geschichte des Liberalismus leicht als eine Abfolge blinder Flecken – oder, noch deutlicher gesagt: diverser Heucheleien – erzählen. Diejenigen, die sich »Freiheit«, »Vernunft« und »Toleranz« auf die Fahnen geschrieben hatten, rechtfertigten die Sklaverei in den USA und Ausbeutung in Kolonien rund um den Globus.[1] Es ist jedoch auch nicht schwer zu zeigen, dass sich Liberalismus in der Praxis immer besonders effektiv mit liberalen Ideen kritisieren ließ. Und, weniger offensichtlich, dass die Existenz liberaler Institutionen wie einer freien Presse entscheidend dabei half, dass diese Kritik auch Wirkung zeigte.

Damit soll nicht suggeriert werden, dass Liberalismus – oder auch die liberale Demokratie – früher oder später immer zur Selbstkorrektur fähig sei. Das ist zwar ein beliebter Gedanke, aber diejenigen, die ihn artikulieren, sind sich offenbar nicht immer bewusst, wie sehr er den

Eindruck liberaler Selbstgefälligkeit verstärkt. Liberale, so scheint es, würden sich im Zweifelsfalle entspannt zurücklehnen und auf den »Fortschritt« warten. Was die Unfreien erleiden müssen, bevor sich der Fortschritt dann endlich einstellt, wird ausgeblendet.

Liberalismus als Denken des nachrevolutionären Übergangs – und als Bildungsideal

Die Geschichte des politischen Denkens lässt sich nicht auf die Historie einzelner Wörter reduzieren. Trotzdem ist erst einmal bemerkenswert, dass »Liberalismus« und »liberal« als eindeutig politische Begriffe vor dem frühen 19. Jahrhundert in den europäischen Sprachen nicht zu finden sind. Davor gab es *liberalitas*, das war eine Tugend, nämlich Großzügigkeit. Es war auch, weniger offensichtlich, eine Herrschaftstechnik, die Renaissancefürsten ans Herz gelegt wurde (denn der freigebige Fürst machte sich beliebt). Liberalität blieb lange aristokratisch codiert; Liberalität musste man sich leisten können; sie war auch eine Form von *noblesse oblige*.[2] John Locke empfahl in seinen Erziehungsschriften, Kinder sollten nicht selbstsüchtig, sondern »kind, liberal, and civil« zu anderen sein; aber das hatte nichts klar Politisches. Im 18. Jahrhundert wurde »liberal« dann auch mit Freiheit von Vorurteilen assoziiert; liberal hieß nun – in einem schon nachvollziehbar modernen Sinne – tolerant und offen, aber auch in gewisser Weise flexibel, auf Spielraum bedacht. Diese Eigenschaften blieben freilich an Personen und ihren Charakter gebunden – nämlich *gentlemen* –, man behandelte sie nicht als abstrakte, für jeden nachvollziehbare und lebbare Prinzipien.[3] Noch Thomas Mann setzte seine persönliche Liberalität dem schnöden politischen Liberalismus entgegen, als er sich während des Ersten Weltkriegs zum »Unpolitischen« stilisierte.[4]

Die Chancen, »kind, liberal, and civil« zu sein, verbesserten sich deutlich mit dem Abkühlen religiöser Leidenschaften nach dem 17. Jahrhundert. Und sie stiegen, je mehr aus Helden Händler (oder Heroen der geistreichen Konversation in Kaffeehäusern) wurden. Der Sozialwissenschaftler Albert O. Hirschman hat beschrieben, wie die großen politischen Passionen zurückgedrängt wurden zugunsten »wohlverstandener Interessen«, die sich auf dem Markt am besten verfolgen ließen.[5] Man vergisst leicht, dass der »Markt« für Theoretiker des 18. Jahrhunderts nicht weniger als die frei räsonierende Öffentlichkeit ein Versprechen auf Emanzipation darstellte. Er befreite nicht nur von feudalen Abhängigkeiten, sondern erlaubte es auch, zivile Umgangsformen zu kultivieren und Anerkennung unter seinesgleichen zu gewinnen.[6] Die industrielle Revolution setzte diesen Vorstellungen dann de facto ein Ende; mit der Vision eines unabhängigen Landbesitzers oder Handwerkers, dem seine Tätigkeit zugleich Würde sichert, war es vorbei, als Arbeit vor allem Maloche in der Fabrik hieß. Und trotzdem blieb das Versprechen vom »freiem Markt« als einer entpolitisierenden Institution, in der vernünftige Individuen zum gegenseitigen Vorteil gleichzeitig miteinander konkurrieren und kooperieren konnten.

Diese Suche nach einem institutionellen Rahmen, der die Bildung »liberaler Charaktere« befördern sollte, intensivierte sich nach der Französischen Revolution. Den Gewaltorgien von Robespierre – so nahmen es viele Zeitgenossen wahr – wurde erst von Napoleon ein Ende gesetzt. Bonaparte verschrieb sich ausdrücklich *idées libérales*, und eine freisinnig eingestellte Beobachterin wie Madame de Staël bescheinigte ihm auch prompt, der »liberalste aller Franzosen« zu sein.[7] Napoleon versprach, die politischen Errungenschaften der Revolution für das Bürgertum zu bewahren und gleichzeitig Ordnung und Ruhe im Staate zu garantieren. Für manche schien Napoleon in einer rationalen Verwaltung gar die Vernunft an sich zu verwirklichen. Aber der Mann, der sich von seiner Propaganda als »Held liberaler Ideen« feiern ließ, restaurierte auch die Macht der katholischen Kirche und überzog Europa im Namen der Freiheit mit Krieg. Und er stellte in den Kolonien die Sklaverei wieder her.

Am Anfang war also eigentlich Napoleon. Und zwar in einem doppelten Sinne: Sein Versprechen bürgerlicher Freiheiten (und Sicherheiten) wurde von Liberalen ebenso weitergetragen wie die Vorstellung, liberaler Konstitutionalismus und ein repräsentatives politisches System seien die Verwirklichung der Vernunft an sich.[8] Liberalismus, das ist heute so gut wie vergessen, wurde in Europa lange als eine primär französische Idee wahrgenommen;[9] das Wort »liberal« galt auch in England im 19. Jahrhundert als Import vom Kontinent.

Napoleons *Empire* konnte jedoch auch als ein weiterer misslungener Übergang von der Revolution zu einer freiheitlichen, aber nicht radikalen Politik verstanden werden. So diente seine Herrschaft denn auch als Argument *gegen* die Demokratie, hatte Bonaparte sich doch immer wieder durch Plebiszite legitimieren lassen (unter strikter Kontrolle der öffentlichen Meinung).

Liberale Denker gaben Lippenbekenntnisse zum Prinzip der Volkssouveränität ab. Aber das hieß nicht, dass sie ein allgemeines Wahlrecht befürworteten. Im Gegenteil: Ein ums andere Mal wurde der Ausschluss großer Teile der Bürger (der Bürgerinnen sowieso) damit gerechtfertigt, dass nur vernünftige, ergo gebildete, und unabhängige, ergo finanziell abgesicherte, Männer politisch verantwortungsvoll handeln könnten. Bildung und Besitz summierten sich scheinbar zur Vernunft an sich.[10] Aus Sicht von Kritikern wie Joseph Görres war dieser Liberalismus nichts als eine unheilige Allianz aus dem »Geldhochmut« der Kapitalisten und dem »Verstandeshochmut« der Gelehrten.[11]

Liberale wie der Historiker, Politiker und kurzzeitige französische Ministerpräsident (1847-1848) François Guizot behaupteten, eine gute Regierung beruhe auf der »Souveränität der Vernunft«. Eine funktionierende Presse und kompetente Repräsentanten in der Volksvertretung würden sicherstellen, dass die in der Gesellschaft verbreitete Intelligenz vom Staat geradezu aufgesogen und nutzbar gemacht werde. Man konnte den Willen des Volkes vertreten und verwirklichen, *ohne* dass man Letzteres vorher hätte fragen müssen – eine Form von Technokratie mit Volks-Input, wenn man so will. So stellte sich dieser Liberalismus denn auch als *juste milieu* dar – als der schlechthin vernünftige Mittelweg zwischen Demokratie und monarchischem Absolutismus.[12] Goethe lobte 1831 im Gespräch mit Eckermann ebenjenen Guizot nicht nur für seine »tiefen Kenntnisse« und seinen »aufgeklärten Liberalismus«, sondern vor allem dafür, dass er über den Parteien stehe und als »ruhiger, festhaltender Mann« einen Gegensatz zur offenbar exzessiven »französischen Beweglichkeit« bilde.[13]

Guizot riet den Franzosen mit einem Ausdruck, der zum geflügelten Wort werden sollte: »Enrichissez-vous!« – »Bereichert Euch!« Eine florierende Wirtschaft war Teil des Versprechens eines vernünftigen, scheinbar entpolitisierten Staates (und wer sich bereicherte, bekam dann auch irgendwann das Wahlrecht mit dazu geschenkt). Der andere Teil bestand darin, dass der Rechtsstaat ein Ideal von Gleichheit vor dem Gesetz verwirklichte – weswegen Liberale bisweilen behaupten konnten, die Demokratie sei verwirklicht worden (da Standesunterschiede vermeintlich keine wirkliche Rolle mehr spielten), obwohl nur ein Bruchteil der Bevölkerung wählen durfte. Liberale Inklusion konnte sogar heißen, dass man sich paternalistisch der sozialen Frage annahm – alles, nur nicht direkte politische Ermächtigung des Volkes durch allgemeines Wahlrecht (oder, wenn das Wahlrecht dann doch erweitert werden musste, ein Insistieren auf den feinen, aber entscheidenden Unterschieden: John Stuart Mill schlug vor, den Gebildeten mehr Stimmen zuzuteilen).

Eine ähnliche Hierarchisierung bestimmte den Blick der Liberalen aufs Ganze, soll heißen: den Globus. Viele

Völker, so hieß es ganz ungeniert, seien schlicht noch nicht reif für die Segnungen der Freiheit. Mill schrieb:

> Despotismus ist eine legitime Regierungsform, wo man es mit Barbaren zu tun hat, vorausgesetzt, daß ihre Vervollkommnung das Ziel ist und die Mittel dadurch gerechtfertig werden, daß man den Zweck wirklich erreicht. Freiheit, als Prinzip, kann man nicht auf einer Entwicklungsstufe anwenden, auf der die Menschheit noch nicht einer freien und gleichberechtigten Erörterung derselben fähig ist. Bis dahin ist ihnen nichts als stillschweigender Gehorsam gegen Männer wie Akbar oder Karl den Großen angemessen – wenn sie so glücklich sind, einen zu finden.[14]

Neben dieser vermeintlich uneigennützigen »Zivilisierungsmission« diente der Kolonialismus aber auch der charakterlichen Stärkung und moralischen Ertüchtigung bestimmter Menschen – nämlich den Kolonisatoren. Über ein Jahrhundert vor Fukuyama befürchtete ein Alexis de Tocqueville, den Leuten könne es in einer liberalen Gesellschaft langweilig werden bzw. der so betont unheroische Liberalismus werde in einer allgemeinen Erschlaffung enden. Was Tocqueville ein *peuple énergétique* nannte, bezog seine Energie offenbar auch daraus, dass es sich mit Aufgaben wie der Unterjochung Algeriens (in den dreißiger Jahren des 19. Jahrhunderts) fit hielt.[15]

Mills ständiges, in den Augen seiner Kritiker geradezu penetrantes Strebertum – jeder sollte sich ständig infrage stellen und unermüdlich an der Bildung seines Charakters arbeiten – war der Angst geschuldet, das laue, konformistische Leben in einer modernen Gesellschaft verderbe den Charakter. Diese Schreckensvisionen nahmen früher oder später immer den Osten in den Blick – bot sich dort doch das Bild der ermatteten Gesellschaft schlechthin: das erstarrte und deswegen übrigens international nicht

»wettbewerbsfähige« Reich der Mitte. Was stets »stationary China« genannt wurde, versinnbildlichte in der nervösen Imagination der Liberalen des 19. Jahrhunderts das gefürchtete Gegenteil von »westlicher Dynamik«.[16]

In Europa spielten viele Liberale führende Rollen in nationalen Freiheitskämpfen gegen die großen Reiche. Denker wie Mill oder Giuseppe Mazzini sahen keinen Widerspruch zwischen Liberalismus und Nationalismus – im Gegenteil, es bedurfte einer gemeinsamen Sprache und Kultur, um so etwas wie kollektive Selbstbefreiung und Selbstregierung zu verwirklichen. Dass solche Liberale in diesem Zusammenhang keinen Konformismus befürchteten, ist bemerkenswert, wenn man bedenkt, dass die Liberalen die Gesellschaft eigentlich als potenziellen »Tyrann« betrachteten, der durch subtilen Druck, nur ja nicht von der Mehrheitsmeinung abzuweichen, die Freiheit des Einzelnen noch viel stärker einschränken konnte als der Staat.

Diese gesellschaftliche – also nicht direkt vom Staat ausgeübte – Tyrannei konnte sehr subtile Formen annehmen. Ein Tocqueville fürchtete sich besonders vor dem in den USA stetig erstarkenden »Individualismus«. Damit war nichts Positives gemeint, ganz im Gegenteil: Individualismus bedeutete für den französischen Denker Isolierung und eine geradezu asoziale Form von Innerlichkeit, nicht etwa die Fähigkeit, einem ganz eigenen Lebensentwurf zu folgen (also das, was Mill später »experiments in living« nennen sollte). Individualismus und Individualität schlossen sich gegenseitig aus, Individualismus beruhte geradezu auf Ich-Schwäche. Individualismus bedeutete nicht buchstäblich Erschlaffung. Aber laut Tocqueville erschöpfte sich die Aktivität solcher Pseudoindividuen in Aktionismus, einer Geschäftigkeit ohne jede Originalität und Weiterentwicklung der eigenen Kräfte.

Tocqueville formulierte eine Sorge, die auch heutige Antiliberale umtreibt: Von anderen Menschen nicht weniger abgeschnitten als vom eigenen authentischen Seelenleben würden sich diese Individuen irgendwann weder dem Staat noch dem sanften und deshalb umso effektiveren Despotismus herrschender Meinungen widersetzen können. Der Liberalismus, der mit einer ethischen Forderung nach Selbstentfaltung und der Entwicklung der »Eigentümlichkeit« (Wilhelm von Humboldt) eines jeden durch Freiheit sowie »Mannigfaltigkeit der Situationen« (auch Humboldt) begonnen hatte – er könnte, so fürchtete Tocqueville, am Ende eine Welt völliger Konformität schaffen, also genau das, was man hatte vermeiden wollen: »ein Haufe ernährter Sklaven« (noch mal Humboldt).

Erweiterter Liberalismus, verengter Liberalismus

Humboldt und der von ihm zutiefst beeinflusste Mill konnten sich von dieser Schreckensvision nie befreien. Sie bestanden daher vielleicht umso lauter auf der ethischen Aufforderung an den Einzelnen, sich ganz und in stetiger Tätigkeit zu entfalten. Wie so viele Denkströmungen des 19. Jahrhunderts vertraute dieser Liberalismus also auf permanente Evolution. Trotz aller Zweifel zählte er auf ein Fortschreiten der gesellschaftlichen Entwicklung, durch das sich letztendlich auch das Versprechen auf Inklusion würde einlösen lassen. Tocqueville hatte konstatiert, nichts sei schwieriger als die Lehrzeit der Freiheit; eigentlich hatten er und Mill aber so etwas wie ein lebenslanges Lernen für alle Gesellschaften im Sinn – nicht nur für die Völker, die erst noch von den Akbars richtig erzogen werden müssten.

Die Fokussierung auf den Charakter des Einzelnen erlaubte es, mit scheinbar objektiven Kriterien den Ausschluss ganzer Gruppen von der direkten Beteiligung an der Politik zu begründen. Sie ermöglichte aber auch ein anderes Verständnis von Liberalismus, das sich später in dem verwirklichen sollte, was gemeinhin als Sozialliberalismus bekannt ist: Der Staat gefährdete die freie Entwicklung des Individuums nicht nur, er konnte diese auch sichern oder gar fördern. Dieser Gedanke ließ Leonard Hobson, einen Vertreter des wohlfahrtsstaatlich orientierten *New Liberalism* in Großbritannien, aber auch einen Sozialisten wie Eduard Bernstein zu der Schlussfolgerung gelangen, der Sozialismus werde den Liberalismus vollenden und nicht etwa zerstören. Auch Mill hatte sich am Ende seines Lebens als Sozialist bezeichnet.

Erst der Staat ermöglichte aus der Perspektive dieser Denker effektive Freiheit. Freiheit bedeute nicht nur, dass die Regierung sich nicht in die Angelegenheiten der Individuen einmische, sondern auch, dass der Staat die Existenz des Einzelnen beispielsweise durch Sozialversicherungen schütze: das Prinzip »Keine Freiheit ohne Solidarität«. Ein breites Angebot staatlicher Leistungen –

ob nun kostenlose Kinderbetreuung oder Opernbesuche für alle Klassen – eröffne Handlungsoptionen (so wie im Roten Wien der zwanziger Jahre oder zum Teil sogar heute noch im sozialdemokratischen Wien): Dann hätten mehr Menschen mehr Optionen. Was als negative Freiheit bekannt werden sollte – ein Handlungsfeld für den Einzelnen, das niemand sonst betreten darf –, wurde ergänzt durch eine positive Konzeption: die Erweiterung des Handlungsfeldes durch den Staat oder solidarische Kollektive wie Gewerkschaften.

Dieser positive Begriff von Freiheit brach mit den Entpolitisierungsstrategien des Liberalismus. Er ließ sich nun als eine Sache kollektiver, bewusst demokratischer Entscheidungen denken, nicht als die Durchsetzung der Vernunft an sich in Rechtsstaat und Marktwirtschaft. Freiheit musste nicht nur mit einklagbaren Rechten, sondern auch durch die Solidarität einer politischen Gemeinschaft für jeden gesichert werden. Mit einem solchen Verständnis von kollektiv abgesicherter Freiheit trennten sich Sozialliberale auch von der paternalistischen (und moralisierenden wie disziplinierenden!) Erwartung, man müsse seine Befähigung zur Freiheit erst einmal beweisen. Jeder, so die sozialliberale Haltung, könne etwas mit Grundrechten und mit für vielerlei Lebensentwürfe nützliche Ressourcen anfangen.

Diese Wendung zur Demokratie rief allerdings einmal mehr die Furcht vor einer übermäßigen Konzentration von Macht hervor. Es war kein Zufall, dass der Begriff »liberale Demokratie« in den zwanziger und dreißiger Jahren aufkam.[17] Wer ihn benutzte, wollte sich von »identitären« Demokratiekonzeptionen wie bei Carl Schmitt auf der Rechten absetzen, aber auch von der Idee einer »Volksdemokratie« auf der kommunistischen Linken. Darüber hinaus schwangen bei vielen Vertretern einer spezifisch *liberalen* Demokratie einmal mehr kulturpessimistische Vorurteile gegenüber der »Massendemokratie« mit, die sich nun in Europa etablierte. Wilhelm Röpke beispielsweise, einer der Vordenker des Ordoliberalismus, schrieb 1933: »Der Massenmensch bekämpft die liberale Demokratie, um die illiberale an ihre Stelle zu setzen.«[18]

Demokratie wurde wieder mit einer Tyrannei der Mehrheit (der Arbeiter oder der Armen) gleichgesetzt; Liberalismus wandelte sich in dieser Zeit auch in der englischsprachigen Welt zu einem Kürzel für Gewaltenteilung (während sich in Kontinentaleuropa das Verständnis von Liberalismus als Konstitutionalismus seit dem frühen 19. Jahrhundert durchgehend gehalten hatte). Nun wurde Locke – bis dato für seine politischen Schriften über Gewaltenteilung kaum bekannt – in der britischen und amerikanischen Geschichtsschreibung als Gründervater des Liberalismus reklamiert. Den Vaterschaftstest konnte bestehen, wer Beschränkungen des Mehrheitswillens durch *checks and balances* betont hatte. Die romantische Vision einer freiheitlichen Entfaltung der individuellen Persönlichkeit trat in den Hintergrund. Geschwächt wurde aber auch die Lesart, bei der Idee der kollektiven Selbstbestimmung handele es sich um eine flexible Weiterentwicklung des Liberalismus, in dem die Offenheit für neue Lösungen, kollektive *experiments in living*, immer schon angelegt gewesen sei.

Die Theorien, für die Locke in Anspruch genommen wurde, lassen sich mit Shklar als ein Liberalismus der Rechte bezeichnen. Den Einzelnen steht es frei, ihre Vorstellungen eines richtigen Lebens zu verwirklichen – solange sie auch das Recht der anderen Bürger achten, ihre Persönlichkeit zu entfalten. Der Staat schreibt ihnen nicht vor, wie sie zu leben haben – er ist neutral gegenüber den vielen verschiedenen Vorstellungen individuellen Glücks (und hält sich auch mit ethischen Appellen à la Mill und Humboldt zurück).[19]

Diese Trennung des Liberalismus von starken Idealen individueller Autonomie wurde besonders von theokratisch gesinnten Antiliberalen seit je als heuchlerisch verdammt: Der vermeintlich neutrale Staat sei eigentlich nach wie vor dem millschen Strebertum verpflichtet; das Prinzip liberaler Inklusion – alle haben als frei und gleich zu gelten – führe praktisch immer dazu, dass der liberale Staat seine Vorstellungen von Autonomie rücksichtslos durchzusetzen suche und Lebensformen, die sich nicht rigoros durchliberalisieren ließen, ausmerze.

Was ist von dieser Kritik zu halten? Eine Möglichkeit besteht darin, zunächst einmal den an den Konflikten Beteiligten, und vor allem denen, die sich als benachteiligt betrachten, genau zuzuhören. Diese Forderung – so simpel wie überzeugend wie auch dringend – stand im Mittelpunkt von Shklars Liberalismus der Furcht.

Liberalismus der Furcht, zum Zweiten: Theorie aus Sicht der Geflüchteten

Shklar wurde 1928 in Riga als Judita Nisse geboren. Ihr Vater war ein erfolgreicher Geschäftsmann, ihre Mutter hochgebildet und karitativ engagiert (Rechtspopulisten würden wohl sagen: Sie waren Teil einer kosmopolitischen liberalen Elite). Shklars Muttersprache war Deutsch, das erste Buch, das sie las, eine Übersetzung von Charles Dickens' Roman *David Copperfield*. Ihre Kindheit wurde, wie sie einmal lapidar bemerkte, von Hitler beendet. Ihre Familie floh erst nach Schweden, dann, unter abenteuerlichen Umständen, mit der Transsibirischen Eisenbahn nach Wladiwostok und schließlich mit dem Schiff nach Japan. Als sie in den USA ankamen, waren infolge des Hitler-Stalin-Pakts alle Besuchsvisa für ungültig erklärt worden; die amerikanischen Behörden internierten sie als *illegal aliens* in Seattle. Ein Rabbi wurde auf sie aufmerksam und überzeugte die Behörden, dass diese anständigen Juden nicht unter diese ganzen offenbar aus der Unterklasse stammenden Chinesen gehörten.[20] Schließlich ließen sich die Nisses in Kanada nieder. Shklar studierte erst in Montreal, dann an der Harvard University. Im Rückblick sah sie Letztere zutiefst von der McCarthy-Ära geprägt, nicht weil die Studenten sich antikommunistisch ereiferten, sondern weil sie sich betont antiintellektuell und unpolitisch gaben (eine besondere Art, mit Furcht umzugehen). Sport – mit ostentativer maskuliner Kumpelhaftigkeit – und snobistischer Tratsch bestimmten das Campusleben. Shklar stellte eine völlige Unfähigkeit, oder vielleicht gar einen Unwillen, fest, die Erfahrung des Zweiten Weltkrieges geistig und politisch zu verarbeiten.[21]

Shklars Doktorvater war eine der zentralen Figuren der Totalitarismustheorie, der deutschstämmige Carl Joachim Friedrich. Friedrich war bereits in den zwanziger Jahren in die USA gegangen, hatte jedoch seinen paternalistischen deutschen Professorenhabitus, glaubt man einigen Berichten, auch in der Neuen Welt nie abgelegt.[22] Shklar sollte Harvard nie mehr verlassen, ihr Karrierepfad war allerdings lang, steinig und voller Demütigungen. In einer Welt von *old boys*, die sich gegenseitig auf dem Weg nach oben halfen, hatte es die dreifache Mutter deutlich schwerer als männliche Mitglieder ihrer Harvard-Kohorte wie Samuel Huntington und Zbigniew Brzeziński. Doch schließlich sollte Shklar Friedrichs Nachfolger werden – und die erste Frau überhaupt, die in Harvard einen politikwissenschaftlichen Lehrstuhl innehatte.[23]

Shklar bemerkte einmal, ihr wissenschaftlicher Antrieb sei nichts weniger gewesen als das Bedürfnis, das 20. Jahrhundert zu verstehen. Ihre theoretischen Standpunkte, insbesondere ihre Vorbehalte gegenüber allen gemeinschaftsseligen Argumenten (wie sie in den achtziger Jahren von Kommunitaristen forciert wurden), hätten zudem etwas mit ihrer Erfahrung als eine besondere Art von Geflüchteter zu tun.[24]

Bei aller Skepsis gegenüber Kollektiven, die den Einzelnen vereinnahmen, befürchtete Shklar auch, die Schrecken des 20. Jahrhunderts könnten zu einer fatalen Selbstbescheidung oder einer weiteren trügerischen Entpolitisierung des Liberalismus führen. Ihr erstes Buch *After Utopia* beruhte auf ihrer Doktorarbeit, die ursprünglich den Titel *Fate and Futility: Two Themes in Contemporary Political Theory* getragen hatte. In dem Werk ging es praktisch gar nicht um Utopien. Shklars Ausgangspunkt war vielmehr die Frage, wie der Holocaust, wenn überhaupt, zu begreifen sei. Sie konstatierte, dass die Dominanz überkommener Denktraditionen aus dem 19. Jahrhundert es schwer mache, Politik im 20. Jahrhundert zu verstehen. Insbesondere bemängelte sie an einer Reihe zeitgenössischer Strömungen, dass diese auf eine Form von politischem Fatalismus hinausliefen. Das galt für den Existenzialismus nicht weniger als für einen christlichen Kulturpessimismus, der einen T.S. Eliot an einer »vom Holzwurm des Liberalismus zerfressenen« Gesellschaft verzweifeln ließ. Gleichzeitig kritisierte Shklar allerdings, was der amerikanischen Leserschaft von keinem anderen als Carl Joachim Friedrich in einer Fachzeitschrift als der deutsche Neoliberalismus präsentiert worden war.[25] Dieser konservative, defätistische Liberalismus habe sich ihrer Ansicht nach nicht nur von der Demokratie, sondern von jeglichen Aspirationen der Aufklärung entfernt. Wie anderen Formen des intellektuellen Fatalismus in der Mitte des 20. Jahrhunderts sei ihm jeder Glaube an politische Gestaltung abhandengekommen.[26]

Nach einem weiteren Buch, in dem sie die Illusion kritisierte, Recht könne jemals völlig unpolitisch sein, wandte sich Shklar vor allem ideengeschichtlichen Untersuchungen zu. Sie arbeitete sich an Hegel nicht weniger ab als an Rousseau. Und sie entdeckte Montaigne und Montesquieu, zwei Denker, die einen ganz besonderen moralpsychologischen Zugang zur politischen Theorie ermöglichten und vor dem Hintergrund der unsagbar grausamen Religionskriege den Gedanken formuliert hatten, der Staat dürfe seinen Bürgern keine Vorschriften über Sinn und Seelenheil machen. Vor allem müsse man stets, folgerte Shklar aus den Werken der beiden Franzosen, zunächst einmal die Opfer bestimmter Formen von Politik verstehen. Diese Einsicht gewann im 20. Jahrhundert eine neue Dringlichkeit. Doch folgte aus einer solchen Perspektive – anders als Shklars Leser in den neunziger Jahren meinten – nicht automatisch, dass Liberalismus auf absolute Minimalforderungen zurückgestutzt werden musste.[27]

Es war am Ende dessen, was der Historiker Eric Hobsbawm das »kurze 20. Jahrhundert« (1914-1991) nennen sollte, dass Shklar dann eine für manche Beobachter ganz neue, für andere völlig veraltete und unterkomplexe Form von Liberalismus artikulieren sollte. Shklar schrieb, Liberalismus habe eigentlich nur eine mögliche (und akzeptable) Bedeutung: »Jeder erwachsene Mensch sollte in der Lage sein, ohne Furcht und ohne sich bei anderen anbiedern zu müssen, so viele Entscheidungen über so viele Aspekte seines Lebens zu fällen, wie es mit der gleichen Freiheit eines jeden anderen erwachsenen Menschen vereinbar ist.«[28]

Diese auf den ersten Blick nicht sehr originelle Definition gründete weder in abstrakter Moralphilosophie noch auf dem aus Shklars Sicht immer leicht egozentrischen, wenn nicht gar narzisstischen Selbstvervollkommnungsliberalismus. Shklar berief sich vielmehr auf die gelebte Erfahrung – und vor allem auf die Erfahrung von Furcht. Es gelte stets, zunächst einmal den Opfern zuzuhören. Dann verstehe man auch, dass es ein absolutes Böses gebe – nämlich die menschliche Grausamkeit. Vor ihr solle man sich fürchten. Zugleich sei die Furcht aber, und das ist die spezifische Pointe von Shklars Liberalismus, einer der Gründe, warum Menschen überhaupt grausam würden. Man müsse sich vor einer Gesellschaft furchtsamer Menschen fürchten, so Shklar, die damit eine berühmte Sentenz aus Montaignes *Essais* variierte (»Was ich am meisten fürchte, ist die Furcht«).

Shklar unterschied ihren Liberalismus der Furcht vom Liberalismus der Rechte sowie, in ihrem Spätwerk, von einem reinen »Liberalismus der Herrschaft des Gesetzes«. Letzterem gehe es um die Ausarbeitung möglichst kohärenter legaler Ansprüche für die Einzelnen sowie einen möglichst reibungslos funktionierenden Rechtsstaat.[29] Shklar hingegen meinte, statt Blaupausen für eine gerechte Gesellschaft immer weiter zu verfeinern, müsse man erst einmal die gelebten Ungerechtigkeiten, die Erniedrigungen im Alltag, aber auch die großen (und besonders grausamen) Verbrechen der totalitären Regime ihres Zeitalters verstehen. Dann zeige sich, dass die wichtigste Unterscheidung in einer Gesellschaft immer die zwischen den Schwachen und den Mächtigen sei. Und dann erkenne man auch: Nur effektive Gewaltenteilung und eine weite Streuung von Macht könne das Schlimmste, das *summum malum* der Grausamkeit, verhindern. Shklar scheute sich nicht zuzugeben, dass ihr Liberalismus auf einer »verallgemeinerten Misanthropie« beruhte – mit der konkreten Konsequenz, dass es jeder Konzentration von Macht grundsätzlich zu misstrauen gelte.[30]

Manch Leser von Shklars Essay mag den Eindruck gewonnen haben, hier sei gar nicht so leise der Flügelschlag der Eule der Minerva zu hören. Der Liberalismus der Furcht reagierte offenbar auf ein Zeitalter, das gerade an sein Ende kam: eine Epoche, in der man in der Tat mit Shklar annehmen konnte, die größte Gefahr für den Einzelnen gehe immer von geballter Staatsmacht aus; in der eine skeptische Grundhaltung Beobachter wie Shklar – aber ebenso »Liberale des Kalten Krieges« wie Berlin und Aron – immer gleich das Schlimmste fürchten ließ. Es war eine Welt, in der politisches Denken laut Shklar der physischen Erfahrung von Unterdrückung und Grausamkeit absolute Priorität einräumen musste.[31] Es war die Welt, in der ein Norman Rockwell, die berühmte Rede Franklin D. Roosevelts aufgreifend, ein Bild malen konnte, in der die »Freiheit von Furcht« durch ein Ehepaar versinnbildlicht wurde, das seine Kinder zu Bett bringt (wobei der Mann eine Zeitung in der Hand hält, während die Frau den beiden Kindern einen Gutenachtkuss gibt – halt die Rollenverteilung der Vierziger …).

Also ein zeitgebundener, auf seine Weise in Furcht vor dem Kommunismus erstarrter (und verengter) Liberalismus? Vielleicht auch nur das in theoretische Form gebrachte Sicherheitsbedürfnis einer gerade noch einmal Entkommenen, um eine Formulierung von Axel Honneth zu variieren?[32] Landet man nicht zwangsläufig bei einem politisch allzu schlanken Forderungskatalog (rechtsstaatliche Sicherheit, Herrschaft des Gesetzes) – und mehr nicht?

Furcht und Freiheit wessen?

Wie im ersten Kapitel beschrieben, war ein derartiges Verständnis des Liberalismus der Furcht bestimmend für eine Generation von Liberalen, die in den neunziger Jahren die Vermeidung von Grausamkeit an erste Stelle setzten, um humanitäre Interventionen zu rechtfertigen. Die Unmittelbarkeit der Erfahrung, auf der Shklar bestanden hatte, war zwar nicht die mediale westlicher Zuschauer, die Szenen aus Sarajevo und Kigali auf ihre Bildschirme geliefert bekamen. Aber die schiere Dringlichkeit eines solcherart konzipierten Liberalismus der Furcht konnten auch sie nachvollziehen. Das nackte Leben – und die Seelen der grausam Behandelten – stand auf dem Spiel.

»Nie wieder«!, das schien die eigentliche Handlungsaufforderung, die sich aus Shklars Denken ergab. Shklar hatte in der Tat behauptet, ihr Liberalismus bedürfe eines starken kollektiven Gedächtnisses (während andere, positive Liberalismen auf die Hoffnung vertrauten). Das passte gut in die langen neunziger Jahre, als Fragen nach der moralischen Rolle des kollektiven Erinnerns in vielen westlichen Ländern die Diskussion bestimmten. Schon damals sahen einige die Gefahr irreführender Analogien zwischen gegenwärtigen Herausforderungen und vergangenen Erfahrungen von Grausamkeit. Wer meinte, nur

Vergleiche mit dem Holocaust könnten Bürgerinnen und Bürger dazu bewegen, außenpolitische Risiken (und Kriege) mitzutragen, musste zwangsläufig immer wieder die Zeitreise in die dreißiger Jahre antreten. Da erschien so etwas wie der Liberalismus der Furcht geradezu als Aufforderung, Geschichte zu instrumentalisieren.

Diese minimalistische (und auf die Vergangenheit mit ihren vermeintlich offensichtlichen Lektionen fixierte) Lesart tat Shklars Denken allerdings unrecht. Einen statischen Antitotalitarismus aus ihm abzuleiten ist genau falsch – Shklar wehrte sich gerade gegen ein allzu glattes deduktives wie induktives Vorgehen; sie wollte politische Theorie vielmehr auf Erzählungen und dichte Beschreibungen gründen – und das bedeutete vor allem: historisch sensibel zu bleiben und zu verstehen, wie sich Erfahrungen von Verletzung und Furcht geschichtlich immer wieder wandeln.[33]

Was heißt das konkret? Nichts führt an dem Imperativ vorbei, erst einmal den Opfern zuzuhören. Das klingt an sich schon wieder zu glatt, da es suggeriert, man könne immer gleich verstehen, was die Mitglieder diskriminierter Minderheiten oder stigmatisierter Gruppen einem sagen wollen. Genau darin besteht aber die Schwierigkeit – Erfahrungen sind nicht buchstäblich »unsagbar«, aber manche können nur unter größten Anstrengungen der Zuhörer halbwegs entschlusselt und begriffen werden. Die Philosophin Rae Langton nennt als Beispiel die Memoiren der Pornodarstellerin Linda Lovelace, auch bekannt als »Deep Throat«. Lovelace berichtet von den Leiden und Demütigungen, die sie in der »Pornoindustrie«

erfahren hatte; vermarktet (und wohl auch gekauft) wurde das Buch als großer Kitzel für alle, die schon immer mal einen Blick hinter die Kulissen von Sexfilmchen werfen wollten.[34] Nicht nur, dass der Inhalt von Leidenserzählungen nicht verstanden wird – die Bedeutung des Aktes der Erzählung wird gar nicht registriert.

Nun ist Erfahrung an sich noch kein Argument; aus Erzählungen ergeben sich nicht zwingend konkrete Handlungsanleitungen.[35] Wie Thomas McCarthy einmal bemerkt hat, müssen die Opfer und direkt Betroffenen immer das erste Wort haben – aber nicht unbedingt das letzte. Feststeht jedenfalls, dass niemand das letzte Worte haben darf, der sich zuvor nicht die Mühe gemacht hat, die besonderen Erfahrungen derjenigen zu verstehen, die sich ausgeliefert fühlen. Das ist eigentlich eine Selbstverständlichkeit – die aber nicht mehr selbstverständlich ist in einer Zeit, da Opfer oft genug verhöhnt oder lächerlich gemacht werden, weil sie angeblich im Zeichen der Identitätspolitik mit immer neuen Beschwerden und Wehwehchen kommen oder einfach einer »überschwängliche[n] Buntheitsrhetorik« (Wolfgang Streeck) frönen. Es ist auch keine Selbstverständlichkeit in einer Ära, in der sich manche zu Sprechern vermeintlicher schweigender Mehrheiten aufschwingen und dann flugs behaupten, diese Mehrheit wolle eben die geschlossene Gesellschaft (die Legitimierung solcher selbsternannten Fürsprecher war einer der Kritikpunkte Shklars an kommunitaristischen Philosophen).[36]

Dichte, möglichst direkte Beschreibungen sind wichtig, weil – anders als mancher Leser von Shklars Werken vielleicht geschlussfolgert hat – Furcht und die Erfahrung von Grausamkeit eben nicht vorpolitisch sind. Sie sind historisch; was als Verletzung wahrgenommen wird, kann sich ändern; die einzige Konstante ist, dass Furcht, im Gegensatz zum diffuseren Gefühl der Angst, immer auf eine ganz bestimmte Bedrohung verweist.[37] Shklar hat in ihrem Buch über die Bedeutung der amerikanischen Staatsbürgerschaft gezeigt, dass *citizenship* nicht nur in der Wahlberechtigung (und, könnte man ergänzen: dem Recht, frei ein- und auszureisen) besteht, sondern auch in der Garantie von Arbeit – als Vorbedingung individueller Würde und Unabhängigkeit.

Wir stoßen hier auf einen Gedanken, der an die republikanischen Vorstellungen eines Thomas Jefferson anknüpft, laut dessen die einzelnen Bürger idealerweise selbstversorgende (und bewaffnete) Farmer wären. Man kann diese Bewertung, oder vielleicht besser: Überbewertung von Arbeit mit guten Gründen kritisieren. Entscheidend ist, wie Axel Honneth gezeigt hat, die Einsicht, dass sich Institutionen wie Staatsbürgerschaft – und damit auch das, was im Zusammenhang mit ihnen als furchterregend, erniedrigend etc. erfahren wird – mit der Zeit wandeln können.[38] Das Beispiel macht insofern umso deutlicher klar, dass Liberalismus der Furcht und Liberalismus der Rechte am Ende doch wieder zusammen gedacht werden müssen. Einen effektiven Schutz vor dem berechtigten Gefühl des Ausgeliefertseins garantieren nur einklagbare Rechte.

Was heute so nonchalant als Identitätspolitik abgetan wird, ist keine ethische Aufforderung zur maximalen individuellen (oder kollektiven kulturellen) Selbstvervollkommnung; es geht auch nicht um den Wunsch, in einem Land möglichst viele verschiedene mehr oder weniger pittoreske Lebensformen nebeneinander zu haben. Vielmehr zielt sie darauf ab, Gleichheit, vor allem auch in Form *effektiver Gleichbehandlung*, durchzusetzen.[39] Die Bewegung Black Lives Matter etwa hat sich nicht auf die Fahnen geschrieben, einen »apertistisch-differenziellen Liberalismus« auf eine weitere Gruppe auszudehnen; es handelt sich schlicht um den zum Teil verzweifelten Versuch, einer nicht so sehr indifferenten als eher ignoranten Mehrheit die, so möchte man meinen, allgemein nachvollziehbare Erfahrung von Verwundbarkeit zu Bewusstsein zu bringen. Man fordert am Ende ein eigentlich selbstverständliches Grundrecht ein – nicht von der Polizei erschossen zu werden.

Ähnliches ließe sich über #MeToo sagen. Auch hier geht es nicht um skurrile Sondererfahrungen oder -rechte einer Minderheit, sondern um das Einfordern einer Grundfreiheit – nämlich der Freiheit, ohne Furcht vor Belästigung durch mächtige Männer zu leben. Shklar bezeichnete ihren Liberalismus als den »permanenter Minderheiten«. Damit sollte keinem Separatismus von Gruppen das Wort geredet oder suggeriert werden, kollektive Identitäten hätten eine überzeitliche, also permanente »Essenz«. Vielmehr wies Shklar auf die Tatsache hin, dass manche Minderheiten schon lange diskriminiert, unbeliebt oder besonders verwundbar seien.

Diejenigen wiederum, die ihre »Freiheit« durch Forderungen nach Schutz vor Furcht eingeschränkt sehen, versuchen diejenigen, die derzeit verletzlich sind, als so etwas wie *penetrante* Minderheiten darzustellen oder als subkulturelle, dauer- oder gar berufsbeleidigte Störenfriede. Allerdings haben wir es wohl kaum mit einer Situation zu tun, in der plötzlich Mehrheiten vor Minderheiten geschützt werden müssten; Letztere sind, auch wenn ihre Stimmen heutzutage vielleicht öfter durchdringen, immer noch strukturell verletzlicher, als viele Mitglieder der vermeintlich viktimisierten Mehrheit sich das vorstellen können.

Und wo bleibt das Materielle (und die Demokratie)?

Der Imperativ, erst einmal den Opfern zuzuhören, gerät schnell in den Verdacht, Ansprüche auf einen Opferstatus könnten dadurch inflationär werden; außerdem breche ein Kampf darum aus, wer in der Opferhierarchie ganz oben stehe. Im nächsten Schritt träten dann bald Repräsentanten verschiedener kränkungskompetitiver Gruppen auf, die reklamierten, allein sie seien als Mitglieder einer ganz bestimmten Identität berechtigt, über die eigenen Ansprüche auf Schutz, insbesondere Rechtsschutz (oder auch Wiedergutmachung) zu urteilen.

Dichte Beschreibungen und das Einfordern von Rechten stehen jedoch, ich habe bereits darauf hingewiesen, nicht am Ende einer gesellschaftlichen Diskussion, sondern an ihrem Anfang. Die Feststellung von Furcht ist erst einmal ein Anhaltspunkt, sie ist noch kein Argument. Mit Sicherheit gibt es auch Formen von Furcht, die Dritte nicht wirklich nachfühlen können, und manche lassen sich nur sehr schwer politisch und rechtlich bearbeiten. Sensibilität für subtile Arten der Diskriminierung können aber auch Bürgerinnen und Bürger aufbringen, die davon selbst nicht unmittelbar betroffen sind. Dabei hilft jeder Versuch, soziale Distanz zu verringern. Denn Distanz – eine weitere von Shklars zentralen Einsichten – erleichtert Grausamkeit.

Ein voreiliges Flüchten ins vermeintlich Verbindende oder Allgemeine verspricht weniger Erkenntnis als ein ehrlicher und taktvoller Austausch von Ansichten, der Unterschiede nicht krampfhaft überspielen muss. Der Versuch, die Leiden anderer zu verstehen, läuft nicht darauf hinaus, dass man sich von jeder gemeinsamen Grundlage verabschieden müsste. Oder darauf, dass politische Diskussionen dann automatisch von starken Gefühlen oder gar von einem Befindlichkeitsjargon dominiert werden, der letztlich nur eine pseudopolitische Verlängerung unserer Selfie-Kultur sei, wie Kritiker monieren. Es gilt vielmehr, zu begreifen, wie bestimmte Diskriminierungen und Erniedrigungen eigentlich bereits geteilte Werte und Prinzipien verletzen. Schmerz, darauf wies Hannah Arendt hin, ist primär eine private, nicht kommunizierbare Angelegenheit. Politisch wird er, wenn man unter Bezugnahme auf geteilte politische Prinzipien über ihn redet. Vor diesem Hintergrund war Shklars Anspruch, ihren Liberalismus auf »gemeinsame« und »unmittelbare« Erfahrungen zu gründen, insofern problematisch, als es keine völlig »unmittelbaren« Erfahrungen politisch verursachten Leids gibt. Hinzu kommt, dass uns geschilderte Erfahrungen nicht zwangsläufig etwas darüber verraten, wer etwas verursacht hat und letztlich zur Verantwortung gezogen werden soll. Furcht ist eine menschliche Grunderfahrung, anders als Angst ist sie aber nicht unpolitisch (und – wie oben betont und schließlich auch von Shklar selbst hervorgehoben – nicht unhistorisch).

Anders gesagt: Man muss Distanz verringern, aber dann auch wieder gewinnen können – beides gehört zum Verstehen. Gerade weil es um Erkenntnis und nicht nur um Empathie geht, müssen zudem empirisch-kausale Perspektiven ihren Platz finden. Und Verfahren, die verhindern, dass der Liberalismus der Furcht zu einem Anreiz für Denunziationspraktiken wird. Empirisch zu klären ist überdies die Frage, ob Maßnahmen beispielsweise gegen Diskriminierung ihren Zweck wirklich erfüllen.[40] Bernhard Schlink hat mit guten Gründen vor einer »Verrechtlichung und Vergerechtlichung des Sozialen« gewarnt, die darauf hinauslaufen könne, dass empirische Beobachtungen automatisch von moralischen übertrumpft werden.[41]

Institutionen, die Furcht auslösen, müssen nicht immer primär staatliche sein, wie Shklar vor dem Hintergrund der Erfahrungen des Totalitarismus noch zeitweise angenommen hatte.[42] Furcht kann auch, das zeigt Elizabeth Anderson in ihrem suggestiven Vergleich zwischen privaten Unternehmen und kommunistischen Diktaturen, von der Sphäre der angeblich freien Marktwirtschaft ausgehen.[43] Arbeiter und Angestellte, so Anderson, hätten oft praktisch keine Mitspracherechte, in manchen amerikanischen Unternehmen müssten sie Windeln tragen, weil zu viele Toilettengänge Strafen nach sich zögen (man könnte das Beispiel eines an Diabetes leidenden britischen Kurierfahrers hinzufügen, der starb, nachdem ihn seine Auftraggeber für dringend notwendige Arztbesuche – und damit nicht gelieferter Pakete – mit Geldbußen belegt hatten[44]). Bei der Hälfte der amerikanischen Arbeiter, so Anderson, seien die Firmen berechtigt, die Meinungsfreiheit *außerhalb* des Betriebs einzuschränken.[45] Dieser, so Anderson, »privaten Regierung« könne kaum jemand entfliehen; wie in kommunistischen Diktaturen zu Zeiten des Eisernen Vorhangs sei es allenfalls möglich, von einem autoritären Regime in ein anderes zu wechseln.

Viele mögen diesen Vergleich überzogen finden. Andersons Analyse beruht jedoch auf den Berichten vieler Arbeiter – sie hat sich zunächst auf deren Erfahrungen eingelassen.[46] Und sie weist zu Recht darauf hin, dass zumindest in den USA, wo die Zahl gewerkschaftlich organisierter Arbeiter nie sonderlich hoch war (und in den vergangenen Jahrzehnten noch einmal dramatisch gesunken ist), das Gefühl des Ausgeliefertseins für viele Menschen eher mit ihrer Arbeit als mit dem Staat assoziiert ist. Liberale betrachteten den Markt einst als vernünftige, unpolitische Institution, dabei hätten sie schnell lernen können, dass er kaum dazu geeignet ist, Machtverhältnissen zu entkommen. Bereits Tocqueville merkte an, die »Aristokratie der Fabrikanten« vereine die schlimmsten Aspekte des aristokratischen und des nacharistokratischen Zeitalters, und der Markt könne zu einem Ort »sklavischer Freiheit« werden.

Diese Formen von Furcht lassen sich – anders als

Angst – auf konkrete Bedrohungsszenarien herunterbrechen; sie werden ausgelöst von bestimmten Erfahrungen von Machtlosigkeit. Damit sind sie prima facie politisch bearbeitbar. Bei Shklar klang es bisweilen so, als müsse sich am Ende doch wieder der Staat der Machtlosen annehmen – ein Staat, der sich in Shklars Werk, so er denn einmal positiv bewertet wird, wie ein idealisiertes Preußen anhört. Damit schien sie die Einzelnen immer wieder in ihrer Rolle als passiv Leidende zu bestätigen. Demokratie als Möglichkeit der Bürgerinnen und Bürger, selbst tätig zu werden, sich kollektiv zu wehren sowie für und über Rechte zu streiten – diese Vorstellung wurde erst in ihren letzten Texten zum Liberalismus zentral.[47] Shklar schied zudem Demokratie konzeptuell fein säuberlich von Liberalismus. Demokratie und Liberalismus, so Shklar einmal, lebten monogam miteinander; ihre Gemeinschaft sei jedoch eine reine Zweckehe.

Bekanntlich können auch Zweckehen scheitern: Mehrheiten haben oft genug Minderheiten unterdrückt und sie in permanenter Furcht gehalten. Aber Demokratien beruhen notwendigerweise auf der Annahme, dass aus Minderheiten einmal Mehrheiten werden können, wenn sie genug andere Bürger von ihren politischen Ansichten überzeugen. Ihre Bürger müssen nicht gleich sein im Sinne von kultureller Homogenität; das Gegenteil von Gleichheit ist nicht Differenz, sondern Ungleichheit.[48] Das demonstriert aber wiederum die innere (wenn auch vielleicht nicht immer liebende oder auch nur spannungsfreie) Bindung zwischen dem Liberalismus der Rechte auf der einen Seite und der Demokratie auf der anderen:

Rechte sind nur gesichert, wenn man sie durch demokratische Verfahren erstreiten und vor Gefährdungen schützen kann; Demokratie wiederum ist nicht denkbar ohne politische Grundrechte, durch deren Gebrauch die Bürger ihre Geschicke gemeinsam bestimmen.[49]

Nun sind nicht alle Rechte, für die ein Liberalismus der Furcht sensibilisiert, politische Grundrechte. Aber alle haben etwas mit dem Imperativ der Gleichbehandlung zu tun, da demonstrative Ungleichbehandlung nicht nur Furcht verursacht (Menschen werden in Bürger erster, zweiter oder gar dritter Klasse eingeteilt); sie schafft quasi offiziell sanktionierte soziale Distanz und eröffnet Räume für Grausamkeit. Wenn der Liberalismus Differenzen registriert, dann nicht, um Privilegien zu verteilen oder gar einige Rechtsgenossen besser zu stellen als andere, sondern um auf teilweise gar nicht intendierte Diskriminierungen zu reagieren. Liberale Neutralität heißt nicht immer, einfach alle gleich zu behandeln, aber sie bedeutet, Bürgerinnen und Bürgern eine faire Chance zu geben, ihre Vorstellungen eines gelungenen Lebens zu verwirklichen.[50] Wo Gesetze direkt oder auch nur indirekt diskriminieren, stellt der Liberalismus der Furcht ein wichtiges Sensorium bereit, um diese Effekte zu registrieren.

Liberalismus, das ist hoffentlich deutlich geworden, ist hier keine Sache der »Kultur«; er verlangt auch nicht irgendwie pauschal »Offenheit« (außer prinzipieller Offenheit gegenüber der Erfahrung von Opfern), sondern die Sicherung von Freiheiten für diejenigen, die derzeit in Furcht leben. Das heißt de facto: den Mächtigen *Gren-*

zen setzen, ob es sich dabei nun um Individuen handelt oder überwältigende Mehrheiten. All dies als »Moralisieren« abzutun, das sich Liberale auch deswegen leisten können, weil es nichts kostet, verkennt das reale Leiden von misshandelten oder zumindest misstrauisch beäugten Minderheiten. Das Kriterium des Ausgeliefertseins beinhaltet zudem, dass die Welt der Arbeit, von der traditionellen Industrie bis hin zu Amazon-Lageristen und Gig-Workern, für diesen Liberalismus keine Leerstelle bleiben muss (wie es Kritiker mit dem hämischen Hinweis annehmen könnten, dass sogar ein Christian Lindner sich Odo Marquards liberale Leitvorstellung des »angstfreien Andersseins« problemlos aneignen kann).[51] Liberale der Furcht wollen Furcht reduzieren. Dazu braucht es mehr als einen »Sauberspreсh der Gewinner« (Robert Pfaller), der dem Gewissen gut-, aber dem Geldbeutel nicht wehtut.

Damit löst sich dieser Liberalismus von Fortschrittserzählungen, welche die Verlierer des Liberalismus immer wieder auf morgen vertrösten. Er trennt sich zudem von allerlei Leistungsträger-Ideologien, wo man lieber auf den Pöbel herab-, als zu noch nicht verwirklichten Prinzipien der Freiheit und Gleichheit nach vorne schaut, sowie einer moralpsychologischen Perspektive, wo es immer zuerst ums Mutmachen geht (Liberalismus gegen *German Angst* – ergo *German Mut*). Die Antwort auf Furcht ist nicht Mut, sondern gesicherte Freiheit; die Antwort darauf, dass Menschen ausgeschlossen sind, ist nicht Inklusion durch Fortschritt, sondern Inklusion durch Inklusion.

Daraus folgt schließlich auch: Die Antwort auf die Defizite des Liberalismus ist die Demokratie. Erfahrungen von Furcht aufgrund von Abhängigkeit müssen Gegenstand einer demokratischen Diskussion werden; sie können nicht einfach so, wie es bei Shklar bisweilen klingt, von einem preußisch-paternalistischen Staat in administrative Maßnahmen zum Schutz der Einzelnen umgesetzt oder auf irgendeine andere Weise rechtsstaatlich ruhiggestellt werden. Das ist sicher der Weg, den Liberale historisch am häufigsten eingeschlagen haben – gemäß ihrem Vertrauen in vernünftige und möglichst entpolitisierte Institutionen. Doch wie Christoph Möllers angemerkt hat, sind auch offiziell entpolitisierte Institutionen auf einen größeren politischen Kontext angewiesen, in dem solche Institutionen als legitim erscheinen.[52] Diese Legitimität muss immer wieder neu erfochten werden – und das geht nur durch offene demokratische Auseinandersetzungen. Sicherlich birgt diese Strategie auch Risiken: Es gibt keine Garantie dafür, dass die Leidenserfahrungen von Minderheiten im öffentlichen Diskurs wirklich gehört und verstanden werden. Aber die Alternative ist ebenfalls nicht ohne Risiko: Schließlich kann nur allzu schnell das fatale Bild entstehen, wonach liberale Eliten hochpolitische Ziele alleinig auf dem Rechtsweg rigoros, ja gar rücksichtslos gegen Mehrheiten durchsetzen.

4. Die Route wird neu berechnet

Ich möchte es hier nicht mit dem abstrakten Appell bewenden lassen, Liberale sollten einfach »mehr Demokratie wagen«. Aus diesem Essay ergeben sich eine Reihe von Orientierungspunkten, wenn auch keine schnellen Lösungen für gegenwärtige politische Auseinandersetzungen. Im Geiste von Shklars Denken werden diese zuerst einmal negativ dargestellt: Was gilt es zu vermeiden?

Falsche Ausgrenzung, falsches Verständnis: Noch einmal zur Debatte mit Rechtspopulisten

Eines ist hoffentlich bereits im zweiten Kapitel deutlich geworden: Man darf der Auseinandersetzung mit Populisten nicht ausweichen; Ausgrenzung verstärkt nur den Eindruck, die Verfechter der liberalen Demokratie seien Heuchler. Aber mit Populisten reden heißt nicht, wie Populisten reden. Niemand ist gezwungen, das – um es mit einem Wort zu sagen, das sich offenbar nicht ins Deutsche übersetzen lässt – »Framing« der Populisten zu übernehmen. Man muss auch inhaltlich keine Konzessionen machen in Situationen, in denen man eigentlich gar nicht genau weiß, warum manche Bürger den populistischen Parteien ihre Stimmen gegeben haben. Und man muss nicht immer gleich mit der »Wahrheit« oder der »Vernunft« an sich kommen, um gegen Populisten zu argumentieren (auch wenn dies eine traditionelle liberale Strategie sein mag).

So weit, so offensichtlich. Weniger offensichtlich ist Folgendes: Es gibt in der Demokratie viele Themen, über die offen gestritten werden kann. Daraus folgt erst einmal: Viele der Positionen, die Rechtspopulisten vertreten, sind in einer Demokratie diskutierbar; man kann nicht sofort mit dem Vorwurf »undemokratisch« kommen, auch wenn man sie teilweise als eindeutig illiberal im sehr spezifischen Sinne von restriktiv kennzeichnen darf (es gibt darüber hinaus noch viele andere Themen als jene, welche die Rechtspopulisten immer und immer wieder hochspielen – und die den Bürgern übrigens oft viel wichtiger sind).

Entscheidend ist nun, dass Politiker dann, wenn Populisten sich klar als Populisten zu erkennen geben, rote Linien ziehen. Man kann über Einwanderung und Flüchtlingspolitik streiten; was man nicht kann, ist behaupten, Angela Merkel verfolge den geheimen Plan, das deutsche Volk durch Syrer zu ersetzen.[1] Wenn andere Politiker ihm Grenzen setzen, wird der Populist sich wohl kaum dafür entschuldigen, dass er gerade eine Verschwörungstheorie lanciert hat. Aber es geht auch nicht primär um ihn. Es geht um die Bürger, die sich angesichts solcher Szenen ihr eigenes Urteil bilden, Bürger, die vielleicht durchaus inhaltliche Positionen der populistischen Partei teilen, aber am Ende doch nicht mit Verschwörungstheoretikern in einem Boot sitzen wollen, die meinen, die heutige Bundesrepublik sei ungefähr so demokratisch wie die späte DDR, oder die behaupten, George Soros schleuse Migranten nach Italien, weil er gerne Sklaven habe (so ein Tweet von Matteo Salvini). Mit anderen Worten: Es gibt einen Unterschied zwischen beispielsweise dem Wunsch nach einer möglichst strikten Einwanderungspolitik und einem unbedingten Homogenisierungswillen, der auch vor ungeliebten Differenzen unter den »Autochthonen« nicht Halt macht; es gibt einen Unterscheid zwischen dem Bekenntnis zu traditionellen Familienbildern und der aktiven Hetze gegen alle, die andere Ideale verfechten. Viele Liberale werden klar wissen, auf welcher Seite sie hier stehen, und darauf vertrauen müssen, dass sie die besseren Argumente auf ihrer Seite haben.[2] Sie werden auch darauf bestehen, dass eine Sensibilität für Erfahrungen von Furcht und Grausamkeit dabei helfen kann, die Trennlinie richtig zu ziehen. Aber sie sollten nicht so tun, als seien die Positionen, gegen die sie streiten, automatisch undemokratisch.

Vielleicht ist diese Hoffnung auf die Urteilskraft der Bürger eine fromme des politischen Theoretikers. Aber man beachte, dass die klare Grenzziehung zwischen akzeptablen und schlicht inakzeptablen Haltungen idealerweise auch ein eindeutiges Signal an die Populisten sendet: Es wird nie möglich sein, mit ihnen zusammenzuarbeiten, solange sie sich nicht von ihrem Antipluralismus (und konkret: ihrer Volksverhetzung und ihren Verschwörungstheorien) verabschieden. Aber man schließt sie nicht für alle Ewigkeiten aus; der Ball liegt in ihrer Hälfte; es ist an ihnen, sich zu ändern.[3] Beispielsweise können sie von ihrem Anspruch abrücken, als Einzige das »Volk« (oder »die einfachen Menschen«) zu vertreten, wenn sie maximal auf zwanzig Prozent der abgegebenen Stimmen kommen. Das ist ein gewichtiger Anteil der Wählerschaft, aber eben nicht »die schweigende Mehrheit«. Es ist oft – das ist überhaupt nicht despektierlich gemeint – eine laute Minderheit.

Sind solche Argumente eine Form des »Moralisierens«, Anzeichen eines liberalen Superioritätskomplexes, wie immer wieder behauptet wird? Es geht zumindest nicht um einen kompletten und dauerhaften Ausschluss, wo man die, die ausschließen wollen, einfach ignoriert und nicht mehr mitmachen lässt. Es ist auch keine Argumentation, die sich in der Behauptung erschöpft, die Populisten (oder gar alle ihre Wähler) seien halt einfach böse Menschen (als die liberale slowakische Präsidentschaftskandidatin Zuzana Čaputová im Frühjahr 2019 mit dem Wahlkampfslogan »Erwehrt Euch des Bösen« auftrat, ging es um ein System von Korruption, nicht um inhärent schlechte Charaktere). Die hier vorgeschlagenen Strategien sind auch nicht irgendwie gesinnungsethisch gemeint – sie vertrauen vielmehr darauf, dass Berufspolitiker genügend Urteilskraft haben, die Momente, in denen es gilt, verantwortungsvoll rote Linien zu ziehen, von harten, aber letztlich normalen Auseinandersetzungen innerhalb demokratischer Parameter zu unterscheiden.

In welchem Sinne ist die auf den letzten Seiten skizzierte Strategie nun spezifisch liberal? Hier gilt es, noch einmal die Unterscheidung zwischen einem Selbstvervollkommnungsliberalismus und einem Liberalismus der Rechte zu unterstreichen. Ersterer betont, das gute Leben sei ein autonomes Leben unter dem Leitstern maximaler

Selbstentfaltung; je größer die Zahl der verfügbaren Lebensformen, desto besser (solange die Einzelnen frei zwischen diesen Formen wählen können). Dieser Liberalismus ist anfechtbar und muss sich dem politischen Streit aussetzen; wer anderer Ansicht ist, wer beispielsweise ein gelungenes Leben darin sieht, sein Handeln strikt an religiösen Geboten auszurichten, stellt damit nicht automatisch eine Bedrohung für die liberale Demokratie dar.

Eine Kritik am Rechtspopulismus sollte sich nicht auf diese Spielart des Liberalismus stützen, sondern auf den Liberalismus der Rechte. Es geht darum, der populistischen Suggestion entgegenzuwirken, manche Bürger gehörten nicht wirklich dazu. Wie oben erläutert, behaupten Populisten, manche seien bestenfalls Bürger zweiter Klasse, vielleicht aber auch einfach Verräter (Polens starker Mann Jarosław Kaczyński erklärte einmal, einige seiner Landsleute hätten den Verrat »schlicht in den Genen«). Anders gewandt: Wer nicht einem vorgegebenen Bild des »wahren« Deutschen, Amerikaners etc. entspricht, ist außen vor. Und das ist nicht nur eine zutiefst illiberale Haltung im engeren Sinne des Selbstvervollkommnungsliberalismus. Es widerspricht zugleich der Grundvorstellung von Demokratie als einem Projekt von Menschen, die sich gegenseitig als Freie und Gleiche anerkennen (und einen entsprechenden Liberalismus der Rechte umsetzen). Ein liberal-demokratischer Staat ist kein Akteur im Kulturkampf, der beispielsweise den Bürgern unmissverständlich klarmacht, nur ein Christ könne ein wahrer Ungar sein, oder irgendwie Mill-mäßiges Strebertum prämiert. Er legt seinen Bürgern keine engen kulturellen

Vorgaben auf; er setzt auf das Prinzip gleicher Inklusion aller Mitglieder des Gemeinwesens.

Damit steht natürlich wieder sofort der Vorwurf im Raum, die Liberalen machten es ja eigentlich genauso – sie qualifizierten nichtkosmopolitische Lebensformen als de facto minderwertig ab, betrieben also eine Art linken Kulturkampf. Ob das wirklich ein politisch so wichtiges Phänomen ist, sei hier einmal mehr dahingestellt – wie im zweiten Kapitel angedeutet, gibt es gute Gründe anzunehmen, dass eine derartige Missachtung von beispielsweise »Hillbillys«, »Rednecks« etc. in den USA empirisch gar nicht so häufig vorkommt, schon gar nicht im Rahmen konkreter Begegnungen.[4]

Aber nehmen wir einmal für einen Moment an, das mit der Missachtung stimme empirisch doch: Dann obliegt es Liberalen in der Tat, anderen Bürgern keine an der eigenen Vervollkommnung orientierten Vorstellungen des guten Lebens aufzuzwingen. Und sie sollten nicht so tun, als fehle es allen, die nicht ständig neue Lebenschancen kreieren und herumexperimentieren, wie von Mill (den Friedrich Nietzsche einen »Flachkopf« schimpfte) gewünscht, schlicht an Intelligenz und Initiative. Unsere Welt ist bekanntlich längst nicht so meritokratisch und offen für Talente – und Experimente –, wie manche tun.

Und der ganz spezifische Beitrag eines Liberalismus der Furcht? Er kann zum einen aufzeigen, wie manche Populisten bewusst grausam mit Menschen umgehen. Der italienische Innenminister Matteo Salvini ruft zur Zählung der Sinti und Roma auf, kündigt einen »Ausweisungsplan« an und stellt bedauernd fest, dass man die »legalen« Mitglieder dieser Minderheit leider in Italien behalten müsse: Deutlicher kann man kaum machen, dass manche jetzt vogelfrei sind. Trumps *bullying* ist ein weiteres offensichtliches Beispiel für eine Politik, in der es stets darum geht, zu demonstrieren, wer die Starken sind und wer die Schwachen. Grausamkeit, das Spielen mit den anderen, wird geradezu zelebriert. Man denke nur daran, wie der Mann öffentlich Journalisten und Politikerinnen abkanzelt, oder an die aufreizende Gleichgültigkeit gegenüber Leidenserfahrungen (am offensichtlichsten nach dem Hurrikan 2017 in Puerto Rico). Das sind keine Stilfragen; dieses Polittheater der Grausamkeit folgt einer ganz bestimmten Dramaturgie: Man muss immer wieder zeigen, wer dazugehört und wer nicht; man muss markieren, wo die Grenze zwischen dem wahren Volk und den anderen verläuft. Und demonstrieren, dass die anderen gar nicht zählen.[5]

Vermeintliche Symbolpolitik hat Folgen. Minderheiten wie auch »korrupte Eliten« werden nicht nur metaphorisch zum Abschuss (oder zum Abstechen) freigegeben.[6] Und bei Staatsbediensteten wie beispielsweise den Angehörigen der Grenzpolizei lässt man durchblicken, dass sie mit manchen Menschen willkürlich umspringen und sie insbesondere auch demütigen dürfen.[7] Nicht so sehr der martialische Befehl, sondern das Augenzwinkern und das kalte Lächeln des obersten Vorgesetzten sind Zeichen einer Grausamkeit, die vielleicht für das 21. Jahrhundert typisch sein wird.

Aus dem Liberalismus der Furcht folgt der Imperativ, sich Leidensberichten erst einmal unvoreingenommen auszusetzen. Und das bedeutet dann eben auch, dass man nicht immer nur den populistischen Anführern zuhört, die auf Provokationen erpicht sind, sondern vor allem denen, für die sie zu sprechen vorgeben. Und das mit Takt, aber eben auch Bestimmtheit, wenn rote Linien überschritten werden. Dann stellt sich vielleicht heraus, dass die gelebte Erfahrung sich im Einzelfall ganz anders anhört als in den oft künstlich polarisierten öffentlichen Diskursen.

Man erinnere sich an eine der ersten unerwarteten Niederlagen einer populistischen Partei in der vermeintlichen »Ära des Populismus«: Am Ende des österreichischen Präsidentschaftswahlkampfs musste sich Norbert Hofer, der Mann des Volkes, einem alten grünen Professor aus Wien geschlagen geben – eigentlich unvorstellbar! Das Ergebnis hatte wohl nicht nur damit zu tun, dass Hofer am Ende etwas zu sehr Donald Trump nachgeeifert hatte – was eher weniger präsidial wirkte –, sondern auch damit, dass die Van-der-Bellen-Kampagne viele Freiwillige dazu animierte, in die Stadtteile von Wien zu gehen, die sie normalerweise vermeiden.[8] Und dem Gegenüber in Gesprächen nicht sofort Faschismus vorzuwerfen, sondern zuzuhören.[9]

Falscher Gegensatz: »Kulturell« gegen »materiell«

Häufig wird behauptet, am Rechtspopulismus seien eigentlich die Linken oder Liberalen schuld. Deren überdrehte *identity politics* habe rechte Idenitätspolitik provoziert (oder zumindest ermöglicht). Noch schlichter gesagt: Die Linken haben aber angefangen (mit dem Kulturkampf)! Konkreter heißt es dann oft, Hillary Clintons Idee einer Regenbogenkoalition habe sie bei der Präsidentschaftswahl 2016 den Sieg gekostet; auf die Politik der Minderheiten habe Trump mit seiner eigenen Politik einer bedrohten weißen Mehrheit geantwortet.

Erstens stimmt dieses vermeintlich schlagende Beispiel empirisch so nicht. Die berühmte – soll heißen: immer stereotyp als Beispiel für zu viel *identity politics* verwandte – Transgendertoilettenfrage war im Wahlkampf schlicht kein Thema. Die *topics*, die in den Medien am ehesten mit Clinton assoziiert wurden, waren skandalträchtige Geschichten, die den Verdacht stärkten, Clinton sei auf irgendeine Weise korrupt (Benutzung ihres privaten E-Mail-Servers, dubiose Vorgänge bei der Clinton-Stiftung etc.). Ihre sozial- und wirtschaftspolitischen Ideen für »everyday Americans« (so der nicht gerade glückliche Ausdruck der Clinton-Wahlkämpfer) drangen in der Öffentlichkeit überhaupt nicht durch (mit Trump wurde wiederum fast nur ein Thema verbunden: Einwanderung). Doch dass Clinton allein an »Sonderinteressen« von Minderheiten (zu denen skurrilerweise auch immer Frauen gerechnet werden) appelliert hätte, war kaum die dominante Wahrnehmung des Wahlvolkes.[10]

Zweitens darf noch einmal daran erinnert werden, dass Bewegungen wie Black Lives Matter oder #MeToo nicht auf die absolute Festschreibung bestimmter Identitäten zielen, sondern Bürger mobilisieren wollen, um elementare Rechte einzufordern.[11] Mobilisieren kann man aber nur, wenn man zunächst öffentliche Aufmerksamkeit auf gemeinsame Leidenserfahrungen lenkt. Und das geht wohl kaum, ohne im ersten Schritt auf die Identität, die einem (oft abwertend) zugeschrieben worden ist, Bezug zu nehmen. Dass dabei auch versucht wird, negative Erwartungen umzukehren (vom Stigma zu *pride*), ist nicht so sehr eine Abgrenzungs- als vielmehr eine Ermutigungsstrategie bzw. eine taktische Vereindeutigung von Identität. Wer Minderheiten dann vorwirft, sie würden ja immer nur narzisstisch von sich reden, belehrt die Stigmatisierten de facto, sie dürften noch nicht einmal über ihr Stigma sprechen. Hannah Arendt bemerkte einmal, wenn man als Jüdin angegriffen werde, müsse man sich als Jüdin wehren. Eine Verteidigung, die sich sofort ins Allgemeine zurückzieht, lässt es gar nicht zu, besondere Umstände und Gründe eines Unrechts zu erkennen.

Zumal es nicht bei Politik als Wir-Stärkung bleibt. Man muss erst einmal einzelne Geschichten erzählen – aber auch etwas über *die* Geschichte, weil Grausamkeit, Unterdrückung und Ausbeutung eben nicht gestern angefangen haben. Strukturelle Gründe für Diskriminierung sind das eigentliche Thema, nicht allerlei feinste Verästelungen von Identität. Letztere werden wichtig, wenn es darum geht, die Überschneidungen verschiedener Formen von Diskriminierung zu erkennen; sie haben nichts zu tun mit narzisstischer Selbstbespiegelung (oder Egotrips von selbstverwirklichungsorientierten Liberalen).[12]

Die Vorstellung einer Symmetrie von liberaler oder linker Identitätspolitik auf der einen und einer rechtsgerichteten identitären auf der anderen Seite ist bestenfalls eine optische Täuschung. Erstere fordert Schutz ein, im Lichte genuiner Diskriminierungserfahrungen aufgrund von Differenzen. Das heißt aber nicht, dass diese Differenzen absolut gesetzt werden oder dass man die Einzelnen nun identitär auf bestimmte Zuschreibungen festnagelt (als gelte es, ein neues Kastensystem von Kränkungsgraden zu schaffen). Rechte identitäre Politik verlangt zwar auf den ersten Blick ebenfalls Schutz – zum Beispiel vor vermeintlicher »Umvolkung«. Aber sie kann nicht plausibel machen, worin in diesem Fall die Diskriminierung oder auch das Leiden genau besteht; hier werden überhaupt keine Identitäten infrage gestellt oder angegriffen; und doch wird gegen die imaginäre Attacke mit einer Vereindeutigung der eigenen (nationalen) Identität zurückgeschlagen.

Es ist selbstverständlich nicht verwerflich, sich nach der eigenen Identität zu fragen. Aber politisch ist die entscheidende Frage, wie man mit der Identität der anderen umgeht. Wird anderen grundsätzlich die Legitimität abgesprochen, wie dies Populisten tun? Werden im Extremfall Konflikte als geradezu existenziell verstanden, so dass Politik zu Kultur- und Bürgerkrieg in einem wird (ein Heinz-Christian Strache schwadronierte beispielsweise von der Gefahr eines Bürgerkriegs in Österreich)? Keine Identität ohne Grenzziehung – so lautet eine Binsenweisheit, für die man keine Freund-Feind-Theoretiker bemühen muss. Das ist aber immer noch etwas anderes als die Behauptung »Keine Identität ohne existenzielle Infragestellung des anderen«. Der Clou an der modernen liberalen Demokratie ist, dass man andere Bürger und ihre Lebensformen ja nicht immer lieben muss – man darf ihnen nur nicht verbieten, ihren eigenen Vorstellungen nachzugehen, oder sie gar in Furcht versetzen.

Die selbst deklarierten Feinde der Identitätspolitik haben die Forderung erhoben, die Minderheiten sollten sich doch bitte auf das Verbindende, und nicht das Trennende, konzentrieren. Das schließt von vornherein aus, dass die Verpflichtung auf die Idee, Rechte müssten immer wieder neu ausgehandelt werden, das eigentlich Verbindende sein könnte – anstatt, wie bei den Rechtspopulisten, das Verbindende ein für alle Mal an der Abstammung oder an als statisch und homogen verstandenen Lebensformen (»unsere Art zu leben«) festzumachen. Es wird auch angenommen, Einigkeit sei in der Demokratie ein Wert an sich; das lässt dann vermeintliche Sonderwünsche im Namen einer »Politik der ersten Person« sofort als Ruhestörung und letztlich illegitim erscheinen. Shklar, mit ihrer Skepsis gegenüber allen kommunitaristischen Anwandlungen, hatte sich immer strikt gegen »ideologies of agreement« gewandt.[13] Ohne »Spaltung« auch keine Demokratie; und Einigkeit ist eben kein Wert an sich.[14]

Zudem wird oft nonchalant angenommen, jeder könne so ganz ohne Weiteres das Allgemeine in Anspruch nehmen, also das Verbindende oder was die amerikanischen Anti-Identitätspolitik-Aktivisten Jonathan Haidt und Greg Lukinanoff ohne einen Anflug von Ironie »common-humanity identity politics« genannt haben. Nur: Wie allgemein ist das Allgemeine? Immer und immer wieder mussten Menschen, die sich in keiner Weise des Rassismus oder Sexismus verdächtig finden, feststellen, dass ihr Verständnis vermeintlich umfassender Kategorien wie »Bürger« oder »Mensch« (und der Rechte, die dann für diese Kategorien konstruiert wurden) eben nicht so universal codiert waren, wie sie gedacht hatten: Sie arbeiteten eine Verfassung aus, sie verfertigten Gesetze – und mussten sich vorwerfen lassen, sie hätten da ja wohl einige wichtige Gruppen vergessen: Abigail Adams schrieb im März 1776 an ihren Mann, den amerikanischen Gründervater und späteren Präsidenten John Adams, »remember the ladies« (er vergaß sie trotzdem).

Im Grunde sagt man denen, die sich herausnehmen, die blinden Flecken verschiedener Formen von Universalismus zu benennen: »Hier gibt es nichts zu sehen. Wir haben schon alles erreicht an Rechten etc., was es überhaupt zu erreichen gibt.« Es wird selten erwähnt, dass eines der zentralen Ziele des berühmten Combahee River Collective afroamerikanischer Feministinnen (für die Anti-Identitätspolitiker die Quelle allen Übels) schlicht Folgendes war: »To be recognized as human, levelly human, is enough« – also: »Als Menschen, als Menschen auf Augenhöhe anerkannt zu werden reicht.«[15] Zu Recht hat die Soziologin Silke van Dyk einen Universalismus, der einen angeblich real existierenden Universalismus als Produkt partikularer Interessen enttarnt, einen »rebellischen Universalismus« genannt – im Gegensatz zu den Kritikern, die ihn als irgendwie lästigen Partikularismus denunzieren.[16]

Das Ziel besteht also darin, Prinzipien wie Freiheit und Gleichheit, die schon geteilt werden, besser zu verwirklichen, und nicht darin, sie im Namen des Partikularen zu unterlaufen. Liberalität, in der berühmten Formulierung Goethes, ist Anerkennung. Das bedeutet erst einmal Anerkennung der besonderen Umstände, an die geteilte Prinzipien praktisch immer wieder angepasst werden müssen. Und letztlich: Anerkennung *durch Rechte*, die Gleichbehandlung und damit Freiheit von Furcht sichern (anstatt von gönnerhaften Gesten der Mächtigen abhängig zu bleiben). Mit anderen Worten: Die Antwort findet sich in einem Liberalismus der Rechte, der Einzelne und auch Gruppen effektiv schützt.

Und damit noch einmal zum Materiellen, zur sozialen Gerechtigkeit, die immer wieder gegen die vermeintlich rein gefühlige Identitätspolitik in Anschlag gebracht wird: Solch eine falsche Gegenüberstellung übersieht, dass erfolgreiche Kämpfe für Gerechtigkeit immer *auch* »identitätspolitisch« angelegt waren.[17] Die Arbeiterbewegung – um nur das offensichtlichste Beispiel zu nennen – verstand sich eben nicht nur als eine Lohnarbeiter-Lobby, sondern auch als gemeinsames, würdewahrendes Kulturprojekt, in dem es um die Herausbildung einer bestimmten Lebensform ging (erinnert sei hier noch einmal an das Rote Wien).

Der Versuch, soziale Fairness gegen einen Liberalismus der Rechte in Stellung zu bringen, basiert auf der Idee, es handele sich um eine Art Nullsummenspiel. Die Möglichkeit, eine Gesellschaft als Ganze könnte sensibler für Leiden werden und mehr Solidarität entwickeln, kommt gar nicht erst in den Blick. Ebenso sind die hehren Universalisten, für die das Besondere immer nur vom großen Ganzen ablenkt, unfähig zu sehen, wie sich materielle

Nachteile und Diskriminierungen oft gegenseitig verstärken. Man denke nur an den »psychologischen Lohn« der weißen Arbeiter in den USA – also die »Zusatzleistung«, sich den Schwarzen essenziell überlegen fühlen zu dürfen.

Aus alldem folgt nicht, dass das Besondere immer nur von den Betroffenen erklärt werden kann (oder gar darf). Es heißt auch nicht, dass alle Ansprüche auf Sonderregelungen und Ausnahmen immer sofort alle möglichen Einwände schlagen. Aber diejenigen, die Einwände erheben, machen es sich zu leicht, wenn sie das Verbindende selektiv gegenüber bestimmten, ohnehin missliebigen Minderheiten ausspielen. Man denke an die Debatte über Burka und Niqab. Hier hört man immer wieder das schwammige Argument, welches vom französischen Staat vorgebracht und vom Europäischen Gerichtshof für Menschenrechte abgesegnet wurde – nämlich dass Verhüllung das Zusammenleben (*le vivre ensemble*) verunmögliche (wobei man die Beteiligten so gut wie nie nach den Gründen ihres Handelns oder danach fragt, wie sie sich das Zusammenleben eigentlich vorstellen). In ähnlicher Manier könnte man unzählige andere Praktiken als irgendwie asozial stigmatisieren (unabhängig davon, dass der liberale Staat es seinen Mitgliedern auch gestatten muss, sich von der Gesellschaft sowie auch partikularen Gemeinschaften auszuschließen).

Liberalismus heiße immer Mitte und Mäßigung. Dieser Gedanke, der im 19. Jahrhundert entstand und Liberalismus dann oft mit der Vernunft an sich assoziiert, ist auch heute wieder populär. Man setzt sich einmal mehr bewusst gegen Rechts- und Linkspopulisten ab – und deklariert den eigenen Weg als eigentlich alternativlos. Besonders sichtbar wird dies in unseren Tagen an der Selbstinszenierung Emmanuel Macrons. Als eine Art später Erbe des Dritten Weges (vielleicht gar Guizots) stellt sich der französische Staatspräsident als die vernünftige Mitte zwischen Marine Le Pens Rechtspopulisten und Jean-Luc Mélenchons Linkspopulisten von La France insoumise (FI) dar. Diese Suggestion von Symmetrie ist aber irreführend. Man mag viele der Parteien, die in Europa heute als linkspopulistisch bezeichnet werden (FI, Syriza, Podemos etc.), für verantwortungslos, demagogisch, politisch unreif etc. halten – aber sie sind nicht populistisch im Sinne eines systematischen Antipluralismus. Das soll nicht heißen, dass es so etwas wie Linkspopulismus letztlich gar nicht gibt. Venezuela unter erst Chávez und nun Maduro ist ein eklatantes Beispiel für eine Situation, in der politische Gegner nicht mehr respektiert, sondern (im Namen des authentischen bolivarischen Volkes) systematisch ausgeschlossen werden.

Auch in den USA versuchen viele selbst deklarierte Liberale, sich bewusst gegen links wie rechts abzugrenzen. Rechts sei der Trumpismus, und der sei ganz schlimm – ganz schlimm sei aber auch »die Tyrannei und der Terror utopischer Politik«, die von Bernie Sanders repräsentiert werde, so der Journalist David Frum, einst Redenschreiber George W. Bushs und Erfinder des Ausdrucks »Achse des Bösen« (heute ist er ein Darling krampfhaft moderater Liberaler). Ganz schlimm sei die Alt-Right, aber die Political-Correctness-Linke auf dem Campus sei auch fürchterlich repressiv. Und so weiter. Adam Gopnik schreibt, das Problem mit den Rechten sei, dass sie so täten, als habe es das 19. Jahrhundert nie gegeben; das Problem mit den Linken sei, dass sie so täten, als habe das 20. nicht stattgefunden.[18] Das putzt als Formulierung ungemein, bedeutet aber de facto, dass man alle links von einer von Liberalen demarkierten Mitte erst einmal des Stalinismus oder Maoismus verdächtigen darf.

Eine weitere Entpolitisierungsstrategie besteht darin, sich auf ein primär psychologisches Verständnis von Liberalismus zurückzuziehen: Letztlich sei's halt eine Temperamentsfrage, ein wahrer Liberaler folge dem Leitspruch Talleyrands: *pas trop de zèle.* Isaiah Berlin schrieb einmal, am Ende sei »alles eine Sache von Kompromissen und Gleichgewicht und Anpassung und empirischem Poppeismus etc.«[19] (oder wie Christopher Hitchens, seines Zeichens nicht nur passionierter Antiterrorkämpfer, sondern auch begnadeter Polemiker, Berlins Haltung einmal persiflierte: »Moderation or Death!«).

Takt und richtiger Ton, geschickte Deeskalationsstrategien – natürlich kann das in einer Demokratie hilfreich sein. Die Vorstellung jedoch, die Mitte sei unter allen Umständen golden, ist insofern irreführend, als man sich damit offensichtlich von der Positionierung anderer abhängig macht. Ein gesundes Maß Skepsis gegenüber den eigenen Überzeugungen und praktischen Ideen ist sicher lobenswert. Sie ersetzt aber kein politisches Programm, das überhaupt erst einmal Orientierung schafft. Sie ersetzt auch nicht das Sensorium eines Liberalismus der Furcht, der im ersten Schritt für die Erfahrungen der Opfer sensibilisiert und dann nach Antworten in einem Liberalismus der Rechte sucht, anstatt a priori eine »zwanghafte Symmetrisierung« (Jürgen Habermas) vorzunehmen und dann zu deklamieren, alle Antworten müssten stets moderat sein (wobei man hier offenbar auch davon ausgeht, Opfer seien immer symmetrisch verteilt).

Falsche Freunde

Man hat das Gefühl, da stimme etwas nicht. Viele passionierte Verteidiger des Liberalismus treten heute in einer Weise auf, die einem irgendwie illiberal vorkommt. Man wundert sich auch, dass viele der Parteien in Musterländern der Demokratie – in Skandinavien und den Niederlanden zum Beispiel – mit illiberalen Slogans auftreten. De facto, das ist kein Geheimnis mehr, sind dies oft rechtspopulistische Parteien. Dabei ist gar nicht so mysteriös, wo die Schnittmenge zu finden sein könnte: Parteien, die für Wohlfahrtschauvinismus stehen, knüpfen an einen Liberalismus an, der die vermeintlich minder Befähigten seit je ausschließen wollte; oder – das wäre die neoliberale Variante – sie durch Disziplinierungsmaßnahmen tatsächlich ausschließt. Parteien, die meinen, man müsse die Flüchtlinge oder Einwanderer Tag und Nacht mit liberalen Werten indoktrinieren, versuchen ebenfalls, Gesinnung in eine Art Befähigungsbarriere umzuwandeln.[20]

Weniger offensichtlich ist, dass all diese selbsterklärten Freunde des Liberalismus offenbar kein Vertrauen haben, dass ein Liberalismus der Rechte vielleicht an sich attraktiv sein könnte. Judith Shklar bezeichnete sich als eine besondere Art von Geflüchteter. Sie hatte aus ihrer Erfahrung nicht nur geschlossen, dass starke Gemeinschaften und Grausamkeit leicht zusammengehen können; sie hatte auch immer wieder darauf bestanden, dass selbst ein dezidiert liberaler Kommunitarismus nicht vor illiberalen Versuchungen gefeit sei.

In diesem Zusammenhang soll auch noch einmal an die vormoderne Idee der Liberalität erinnert werden: Diese ist etwas ganz anderes als ein Liberalismus der (verbrieften und einklagbaren) Rechte, aber sie ist nicht so ohne Weiteres obsolet. Wer liberale Ideen nicht nur als Ausgrenzungskriterien verwenden will, sondern es ernst mit ihrer Umsetzung meint, sollte im Zweifelsfall auch einmal Spielraum lassen für ihr Wachstum in verschiedenen Kontexten und dafür, dass sie mit der Zeit an Attraktivität gewinnen. Und er sollte gleichzeitig einsehen, dass die Zurückweisung millscher Selbstvervollkommnungsideale auf einer völlig freien Entscheidung beruhen kann.

Unter falscher Flagge

Im Juli 2014 hielt der ungarische Ministerpräsident Viktor Orbán seine alljährliche Grundsatzrede bei einer Sommeruniversität in Siebenbürgen. Er verkündete, aus Ungarn einen »illiberalen Staat« machen zu wollen; auf ungläubige Nachfragen in Interviews präzisierte er, damit sei in der Tat auch eine »illiberale Demokratie« gemeint. Ein Aufschrei ging durch die Reihen westlicher Kommentatoren: Dass eine Regierung in der EU offiziell liberalen Prinzipien abschwört, schien undenkbar. Orbáns intellektuelle Gefolgsleute beeilten sich denn auch zu beschwichtigen: Die einen erklärten, der Ministerpräsident habe nur einer neoliberalen Wirtschaftspolitik eine Absage erteilen wollen; andere behaupteten, es gehe allein um eine zeitgemäße Formulierung der Grundideen der Christdemokratie.

Seitdem ist der Streit um den Ausdruck »illiberale Demokratie« nicht abgeflaut. Sowohl wissenschaftliche Beobachter als auch Politiker benutzen ihn, um Regime wie in Ungarn, Polen und der Türkei zu klassifizieren – und größtenteils auch zu kritisieren. Nur: In welchem Sinne ist hier von »illliberal« die Rede? Oder ist, wie Hillary Clinton in einer Rede an der Rechtswissenschaftlichen Fakultät in Oxford im Herbst 2018 betonte, der Begriff »illiberale Demokratie« schlicht ein Oxymoron?[21]

Ihre zeitgenössische Karriere begann die Wendung »illiberale Demokratie« in einem viel beachteten Essay des amerikanischen Journalisten Fareed Zakaria, der 1997 in der Zeitschrift *Foreign Affairs* erschien, einer Art Zentralorgan des Establishments der US-Außenpolitik.[22] Damals war die ganz große politische Begeisterung über den Demokratisierungsschub nach 1989 schon wieder abgeflaut, wobei die Liberalen, wie im ersten Kapitel dargestellt, ihrer Sache ohnehin nie so sicher waren, wie man im Rückblick oft gemeint hat. Immer mehr Länder hielten Wahlen ab, aber in manchen votierten die Bürger für »starke Männer«, die prompt ihre Macht nutzten, um den Rechtsstaat auszuhöhlen und Minderheiten zu drangsalieren (konkret hatte Zakaria damals Politiker wie Carlos Menem in Argentinien, Alberto Fujimori in Peru oder Aljaksandr Lukaschenka in Weißrussland vor Augen). Zakaria schied darum Demokratie – das Prinzip der Mehrheitsherrschaft – kategorisch vom Liberalismus, den er als individuellen und kollektiven Rechtsschutz interpretierte (in diesem Sinne also ein Liberalismus der Rechte). Wenn man nicht beides gleichzeitig haben könne, fahre man mit dem, was im Englischen »rule of law« heißt, allemal besser (wobei schon ein Hayek bekannt hatte, er ziehe einen liberalen Diktator einer Demokratie vor, der es an Liberalismus mangele).[23]

Zakarias Aufsatz traf einen Nerv, doch besonders originell war er nicht. Wie im dritten Kapitel dargelegt, hat die Trennung von Demokratie und Liberalismus eine lange Tradition; Liberale nahmen sie teilweise selber vor, oder ihre Kritiker taten es (Engels beispielsweise schrieb 1845 von der »völligen Verschiedenheit von Liberalismus und Demokratie«). Ihren Höhepunkt in deutschsprachigen Landen erlebte sie wohl in der Zwischenkriegszeit, als der Staatsrechtler Carl Schmitt die Idee kollektiver

Selbstbestimmung eines partikularen Volks kategorisch von liberalen, aus seiner Sicht stets grenzenlos-universellen Menschenrechten unterschied. Sein Demokratiebegriff fußte allerdings nicht auf dem Mehrheitsprinzip, das er als rein »arithmetisch« abtat; vielmehr konnte laut Schmitt ein echter Führer durch Akklamation seitens der Masse eine Art mystische Einheit mit dem Volk nachweisen – und damit letztlich auch seine Legitimität. Wie bereits gezeigt, wurde Demokratie von Liberalen wiederum oft mit einer »Tyrannei der Mehrheit« gleichgesetzt.

Konzeptionen von identitärer Demokratie wie auch real existierende »Volksrepubliken« appellierten durchaus an demokratische Grundwerte: Nur das Volk kann Herrschaft legitimieren, mit dem Gottesgnadentum war es ein und für alle Mal vorbei. Aber als wirklich demokratisch ließen sich diese politischen Modelle nicht bezeichnen: Ein durch Partizipation seitens der Bürger bewirkter Wechsel des herrschenden Personals war nicht vorgesehen. Diese Konzeptionen erfüllten noch nicht einmal die von dem polnischstämmigen Politikwissenschaftler Adam Przeworski geprägte so schlichte wie brillante Minimaldefinition, laut der Demokratie ein System sei, in dem Parteien Wahlen verlieren. Das gab es aber weder in der identitären noch in der Volksdemokratie; in beiden war ein durch Verfahren geregelter Machtwechsel auf der Basis breiter Partizipation seitens der Bürger gar nicht möglich. Überdies wurden diese Konzeptionen auch einem anderen von Przeworski herausgestrichenen Kriterium nicht gerecht. Demokratie, so Przeworski, sei eine politische Form, in der Unsicherheit institutionalisiert werde.[24] Schlichter gesagt: In der Demokratie könne man nie wissen, wer in Zukunft Verlierer und wer Gewinner sein werde. In plebiszitären Führersystemen – ob nun mit rechter oder linker Ideologie unterfüttert – bestehe diese Unsicherheit nicht, denn eigentlich sei vor den Abstimmungen immer schon alles klar.

Das zeigt deutlich, dass die historischen Fallbeispiele für »illiberale Demokratie« nicht nur am mangelnden Liberalismus leiden, sondern dass sie nicht einmal in einem minimalen Sinne funktionierende Demokratien waren. Und – das ist die Pointe – ganz ähnlich verhält es sich heute: In Ungarn wurde das Wahlsystem Schritt für Schritt zugunsten der Regierungspartei umgestaltet, in der Türkei beschnitt die Regierung die Meinungs- und Versammlungsfreiheit massiv; in beiden Ländern steht die Zivilgesellschaft enorm unter Druck; von Medienpluralismus kann kaum mehr die Rede sein.

Hier gibt es nicht nur ein Problem mit dem Rechtsstaat, da für die Demokratie grundlegende politische Rechte ausgehöhlt werden. Wer meint, zum empirischen Nachweis einer Demokratie genüge es zu zeigen, dass die Regierung am Wahltag die Urnen nicht mit gefälschten Zetteln füllt, übersieht, dass es ohne ergebnisoffenen demokratischen Willensbildungsprozess keine Demokratie gibt. Und dass dieser Prozess nicht ohne für die Demokratie letztlich konstitutive Grundrechte funktionieren kann.[25] Die Parlamentswahlen in Ungarn im April 2018 wurden von internationalen Beobachtern zwar als noch frei bewertet, aber in keiner Weise als fair. Noch unfairer – und in vieler Hinsicht auch gar nicht mehr frei – ging es bei den türkischen Präsidentschafts- und Parlamentswahlen im Juni 2018 zu.

Darüber hinaus werden in allen genannten Ländern auch die Gewaltenteilung und der Rechtsstaat als solcher angegriffen, besonders eklatant in Polen, wo die Regierungspartei nach Gutdünken unliebsame Richter austauschte. Wer an der strikten Trennung von Liberalismus und Demokratie festhalten will, wird diese Maßnahmen erst einmal als Verluste für den Liberalismus verbuchen. Doch wenn man demokratische Rechte nicht mehr einklagen kann, weil die wichtigsten Richter alle stramm regierungstreu sind, darf man wohl auch hier Kosten für die Demokratie an sich monieren.

Es ist fatal, wenn Kritiker Figuren wie Orbán und auch Erdoğan kampflos das Wort Demokratie überlassen. Denn bei aller Rede über die globale Krise oder auch »Rezession« der Demokratie: Eine überwältigende Zahl von Staaten möchte noch immer international als demokratisch anerkannt werden (warum sonst sollten autoritäre Staaten so viel Geld in Lobbyarbeit stecken und sich westliche Expolitiker kaufen, damit diese in internationalen Organisationen und Medien ihren Anspruch vertreten, lupenreine Demokraten zu sein?).[26] Es gibt nach wie vor eine internationale und auch innenpolitische Prämie auf den Status, als Demokratie zu gelten: International bringt es Prestige wie auch handfeste wirtschaftliche Vorteile; im Inneren kann man den unterlegenen politischen Gegnern immer vorhalten, sie seien eben schlicht nicht populär und müssten sich dem erklärten Mehrheitswillen beugen. Daher auch die Tatsache, dass heute so gut wie niemand offiziell mit der Demokratie abschließt (man denke an die Coups in Thailand und Ägypten, wo die Generäle zwar mit »institutionalisierter Unsicherheit« Schluss machten, aber sich weiter demokratische Werte auf die Fahnen schreiben). Das war im 20. Jahrhundert noch ganz anders gewesen.[27]

Der Vorwurf »Illiberalismus« hingegen tut den Orbáns und Erdoğans dieser Welt nicht weh, sie wollen ja ohnehin keine Liberalen sein. Orbán trägt »illiberal« als politisches Ehrenabzeichen, und Erdoğan stellte sich lange als Vertreter einer spezifisch »konservativen Demokratie« *à la turca* dar. Vor allem Orbán, aber auch Jarosław Kaczyński hilft es, dass »Liberalismus« in Osteuropa nach 1989 primär als eine Sache für Gewinner des Übergangs zu Marktwirtschaft und Demokratie wahrgenommen wurde. »Liberal« hieß Wild-West-Kapitalismus; politisch liberale Haltungen konnte sich leisten, wer sich auch teure Sushi-Restaurants in Warschau oder Budapest leisten konnte – so der Eindruck, welcher wiederum die Selbst-Deklarierung als »illiberal« automatisch als Signal der Solidarität mit den Abgehängten und den Verlierern der Transition erscheinen lässt. Einen Liberalismus für Loser und Schwächere konnte es hier per definitionem nicht geben.

Wenn die EU-Institutionen die Entwicklungen in Polen und Ungarn kritisieren und die Europäische Kommission konkret ein »Rechtsstaatsverfahren« gegen Warschau einleitet, weil die dortige Regierung sich die Justiz gefügig macht, klingt es zudem so, als müsse hier nur der juristische Apparat – im weitesten Sinne der Liberalismus – und nicht die Demokratie als Ganze verteidigt werden. Überdies verfestigt eine derartige Rhetorik das Bild einer Art Arbeitsteilung, wonach für die Demokratie wie selbstverständlich stets der Nationalstaat zuständig ist – und nur wenn beim Rechtsstaat etwas nicht reibungslos funktioniert, rückt die vom stellvertretenden Kommissionspräsidenten Frans Timmermans geführte supranationale liberale Reparaturtruppe aus Brüssel an.

Politiker wie Orbán, Kaczyński und auch Erdoğan haben es meisterhaft verstanden, den Konflikt mit ihren westlichen Kritikern in eine Art Kulturkampf umzudeuten. Orbán, der selbst ernannte Verteidiger eines authentischen Verständnisses von Christdemokratie, behauptet immer wieder, man mäkele an seiner Regierung allein deshalb herum, weil sie genuin konservative Werte erfolgreich verwirkliche: ein traditionelles Familienbild, Schutz der heimischen Wirtschaft, Verehrung der Nation als Schicksalsgemeinschaft. Immer wieder hat er die westeuropäische Rechte aufgefordert, mutig seinem Beispiel zu folgen, anstatt sich von Angela Merkel in ein relativistisches liberales Niemandsland führen zu lassen, wo von gleichgeschlechtlicher Ehe bis zu offenen Grenzen vermeintlich *anything goes* (oder eigentlich gar kein Land, denn ein Land hat immer noch Grenzen – und die wollen die Vertreter einer liberalen offenen Gesellschaft ja angeblich abschaffen).

Diese geschickte Vermischung von Auseinandersetzungen um kontroverse Grundrechte mit Fragen nach der Integrität demokratischer Strukturen erlaubt es den selbst deklarierten Illiberalen, Kritik als parteipolitisch oder gar rein subjektiv abzutun, nach dem Motto »Natürlich gefällt unser Festhalten an der Tradition den Linksliberalen nicht«. Außerdem erscheinen hier einmal mehr die vermeintlichen Verfechter der Toleranz als die wahrhaft Illiberalen: Dulden sie doch offenbar keine abweichenden Moralvorstellungen in einer durchhomogenisierten europäischen Wertegemeinschaft (die dann angeblich nach den Prinzipien von »Gender-Ideologie«, Individualismus oder was auch immer gleichgeschaltet wird). Der ehemalige Fidesz-Europaabgeordnete György Schöpflin behauptete gar: »Die Leute, die insistieren, die einzige Form von Demokratie sei liberale Demokratie, bringen die Demokratie in Gefahr« – womit wohl gemeint sein sollte, dass die Liberalen das Ideal kollektiver Selbstbestimmung nicht wirklich respektieren.[28]

Der katholische, in Harvard lehrende Jurist Adrian Vermeule, der schon länger Gefallen an den politischen Experimenten in Osteuropa gefunden hat, verteidigte die Regierungen in Ungarn und Polen mit dem Argument, die EU-Bürokraten in Brüssel seien in Wahrheit gar keine Technokraten, wie das Klischee es wolle; vielmehr agierten sie mit missionarischem Eifer, um in Europa den Glauben an den Liberalismus zu verbreiten.[29] Für die Vertreter der »Religion des Liberalismus« stelle Orbán, der zu Beginn seiner politischen Karriere selbst ein Liberaler war, einen besonders gefährlichen Gegner dar: Der antiliberale Apostat müsse mit allen Mitteln von der liberalen Inquisition verfolgt werden.

Diese bei Populismusverstehern so beliebte Vorstellung eines transnationalen Kulturkampfs[30] ist insofern irreführend, als die EU sich bekanntlich gar nicht um die Politikbereiche schert, in denen Konservative ihre illiberalen Lieblingsüberzeugungen verteidigen möchten: In Irland (bis vor Kurzem) und Polen denken Mehrheiten anders über Abtreibung als in den Niederlanden; und überhaupt darf man überall nach Herzenslust seine Sehnsucht nach Gemeinschaft ausleben.[31] Es mag Spannungen zwischen verschiedenen Vorstellungen eines gelungenen Lebens geben, aber Wertekonflikte lassen sich innerhalb der Demokratie abbilden und ausfechten; sie sind nicht identisch mit einem Gegensatz von demokratisch und autoritär.

Auch was die verschiedenen politischen Grundmodelle anbelangt, herrscht in Europa immer noch Pluralismus. Viele Länder haben ein Verfassungsgericht, manche nicht. Niemand würde auf die Idee kommen, Letztere automatisch als »illiberale Demokratien« zu bezeichnen. Was die Union jedoch braucht, ist ein Minimum an rechtsstaatlicher Demokratie: Nur dann können die EU-Mitgliedsstaaten die Beschlüsse ihrer nationalen Gerichte gegenseitig anerkennen, wie es die Europäischen Verträge vorsehen. Soll auch heißen: Der Appell an gemeinsame Prinzipien von Demokratie und Rechtsstaat ist nicht nur eine Sache für Sonntagsreden; diese Prinzipien sind unabdingbar für das Funktionieren einer politischen Gemeinschaft, die in vieler Hinsicht wie ein Staat operiert, aber kein Staat ist – und das geht nur, weil man sich vor dem Hintergrund der gemeinsamen Prinzipien (deren Anwendung natürlich auch von Brüssel überwacht wird) gegenseitig vertrauen kann.

Sicherlich gibt es nicht immer eine klare Trennungslinie zwischen Wertekonflikten auf der einen Seite und Streit um demokratische Grundstrukturen auf der anderen. Wenn beispielsweise ein Staat ein Idealbild des homogenen Volkes vorgibt, ist das nicht automatisch eine Einschränkung des Liberalismus der Rechte. Aber es ist doch wahrscheinlich, dass alle, welche diesem Bild nicht entsprechen, sich schnell als Bürger zweiter Klasse fühlen (und fürchten) und de facto in der Ausübung ihrer demokratischen Grundrechte eingeschränkt werden. Ihre Ansprüche können automatisch als weniger wichtig abgetan werden, weil sie ja eh nicht richtig dazugehören. Beispielsweise haben Kritiker solche Vorwürfe gegen das 2018 verabschiedete israelische Nationalstaatsgesetz erhoben.

Hier soll nun auch zugegeben sein: Es muss nicht unter allen Umständen ein Widerspruch in sich sein, sich als »illiberalen Demokraten« zu deklarieren und so zu agieren. Das beste historische Beispiel sind die europäischen und auch lateinamerikanischen Christdemokraten. Diese hätten den Teufel getan, sich in irgendeiner Form als »Liberale« zu bezeichnen. Denn »Liberalismus«, das stand in ihren Augen für Relativismus, Individualismus und nicht zuletzt Materialismus. Das hieß aber nicht, dass die Christdemokraten gar keine echten Demokraten waren. Spätestens seit den vierziger Jahren akzeptierten sie das Prinzip der Mehrheitsentscheidung – auch wenn Mehrheiten nicht ihre Moralvorstellungen umsetzten. Noch wichtiger: Im Anschluss an bahnbrechende Arbeiten des katholischen Philosophen Jacques Maritain deklarierten viele dieser Parteien die Menschenrechte als unverhandelbar; in Deutschland lieferten die Schriften des Staatsrechtlers Ernst-Wolfgang Böckenförde in den fünfziger Jahren ein Arsenal von Argumenten dafür, sich der Demokratie als politischer Form rückhaltlos zu öffnen.

Es ist also nicht völlig falsch, wenn ein Orbán – wie in seiner Ansprache 2018 in Siebenbürgen – sich auf Christdemokraten beruft und seine Familienpolitik stolz als illiberal deklariert. Nur muss man immer genau hinschauen, was durch diese historischen Rückbezüge wie legitimiert werden soll: Der ungarische Ministerpräsident behauptete beispielsweise auch, die universelle Verbreitung des Christentums vollziehe sich stets im Rahmen einzelner Nationen, nicht mittels ihrer Abschaffung – und brachte die Christdemokratie damit gegen »liberale Globalisten« in Stellung, die angeblich einer unbeschränkten Einwanderung und einer Weltregierung das Wort redeten. Nur: Vom inhärenten Wert des Nationalstaats ist in der Bibel doch eher selten die Rede – wohl auch deshalb, weil der Nationalstaat bekanntlich eine moderne Erfindung ist. Noch wichtiger: Zumindest Katholiken in Ländern wie Deutschland und Italien litten lange an ebendieser Erfindung. Ein Bismarck blies gegen sie zum Kulturkampf, weil der Nationalstaat homogen sein sollte und weil katholische Bürger im Verdacht standen, ihre religiöse der nationalen Identität überzuordnen – sprich im Zweifelsfall Rom gegenüber loyal zu sein und nicht Berlin. Orbáns »christlich-nationale« Vision hat mit dem historischen Phänomen Christdemokratie also wenig zu tun. Ja, mehr noch: Seine immer wieder beschworene Opposition Nation vs. Brüssel stellt einen Verrat am Erbe der christdemokratischen Gründerväter der europäischen Einigung dar, welche die Idee des möglichst uneingeschränkt agierenden Nationalstaats gerade überwinden wollten.

Daraus folgt: Es kann Demokratien geben, die illiberale politische Vorstellungen verfolgen – Selbstverwirklichung ist ihnen kein Wert an sich, und auch der Liberalismus der Rechte ist dort nur eingeschränkt umgesetzt, etwa wenn Frauen systematisch benachteiligt werden. Aus heutiger Sicht mögen viele westeuropäische Demokratien der Nachkriegszeit – als beispielsweise Homosexualität noch unter Strafe stand – als eklatant illiberale Demokratie in diesem spezifischen Sinne erscheinen. Es kann jedoch keine in ihren politischen Grundstrukturen »illiberale Demokratie« geben, wie es heute in Ungarn, Polen und der Türkei der Fall ist. Knapp gesagt: keine Demokratie ohne politische Grundrechte und intakten Medienpluralismus sowie effektiven juristischen Schutz dieser Infrastruktur der kollektiven Willensbildung.

Vor diesem Hintergrund sollte man auch einen kritischen Blick auf die eigenen Verhältnisse richten, anstatt borniert so zu tun, als gäbe es Probleme allein in den vermeintlich unreifen politischen Kulturen des Ostens. Zwar werden in Westeuropa keine politischen Grundrechte eingeschränkt und auch keine Zeitungen oder Fernsehsender an regimetreue Oligarchen verkauft. Aber dass es um die politischen Partizipationsmöglichkeiten ärmerer Schichten heute sehr schlecht bestellt ist, ist hinlänglich bekannt. Das macht dann den Satz plausibel, wonach der Rechtspopulismus eine illiberale demokratische Antwort auf undemokratischen Liberalismus sei, wie es der niederländische Sozialwissenschaftler Cas Mudde formuliert hat.[32] Das ist schön pointiert, aber begrifflich und normativ nicht überzeugend: Es stimmt, dass politische Wahlmöglichkeiten angesichts vieler (oftmals selbst geschaffener) Zwänge – nicht zuletzt durch die europäische Integration – reduziert sind, aber diese Beschränkungen sind in keiner Weise dezidiert liberal, außer man versteht die Europäische Union primär als Versuch, einen entpolitisierten gemeinsamen Rechtsraum zu schaffen (ein Muster, das schon mehrmals in diesem Essay diskutiert wurde).

Die Populisten wiederum vertreten nicht wirklich die demokratische Seite. Einmal an der Macht, wollen sie keineswegs die kollektive Selbstbestimmung maximieren – im Gegenteil: In Polen, der Türkei und Ungarn wird der Handlungsspielraum zukünftiger Regierungen durch die strategische Besetzung von Institutionen wie Gerichten (oder auch einem in Budapest neu geschaffenen Budgetrat) systematisch eingeschränkt. In Ungarn zementierte die Regierungspartei zudem mit der 2012 neu erlassenen Verfassung höchst kontroverse ethnische und religiöse Vorstellungen. Es ist also falsch zu meinen, die regierenden Rechtspopulisten wollten den Volkswillen möglichst uneingeschränkt zum Ausdruck bringen.

Es sei auch noch gefragt: Wenn »illiberale Demokratie« ein so irreführender Begriff ist, wie sollten wir stattdessen über die Regierungen in Budapest, Warschau und Ankara reden? Politikwissenschaftler wie Historiker tun sich mit dieser Frage bislang sehr schwer. Einige Beobachter verwenden den Begriff »elektorale Autokratien« – sie stellen damit darauf ab, dass es sich um autoritäre Systeme handelt, in denen noch Wahlen stattfinden –, andere haben die Bezeichnung »defekte Demokratien« vorgeschlagen. Letzteres klingt wieder so, als liege hier eine Art politischer Motorschaden vor, den man nur zu reparieren brauche. Plausibler wäre es, von mutwillig beschädigten Demokratien zu reden, um zu verdeutlichen, dass der Schaden bewusst von den betreffenden Regierungen herbeigeführt wurde, aber auch um zu betonen, dass ein Machtwechsel vielleicht noch nicht völlig unmöglich ist.

Nun behauptet niemand, die Klassifizierung politischer Systeme sei eine einfache Angelegenheit. Wo genau die Trennlinie zwischen noch halbwegs intakter und bereits beschädigter Demokratie verläuft, lässt sich nicht mit einfachen Checklisten beantworten. Die neuen selbst deklarierten »Illiberalen« wissen nämlich nur zu genau, mit welchen Methoden professionelle Demokratie- und Rechtsstaatsbeobachter arbeiten – und auf welchen Wegen man sie austricksen kann. Es gelingt den »Illiberalen« vor allem, allerlei Einzelaspekte ihrer vermeintlichen Reformen zu legitimieren, indem sie darauf hinweisen, Entsprechendes existiere auch in westeuropäischen Demokratien, welche über alle Zweifel erhaben seien (man denke an das ständig wiederholte Argument der polnischen Regierungen, ihre »Justizreform« stelle lediglich Verhältnisse her, die es in Deutschland schon seit Langem gebe). Auf diesem Weg entsteht jedoch schnell, was die Soziologin Kim Lane Scheppele einen »Frankenstaat«

genannt hat: Wie bei Frankensteins Monster mögen die einzelnen Teile ganz »normal« sein; wenn man aber erst einmal alle zusammensetzt, ist das Gesamtprodukt monströs (und aus demokratietheoretischer Sicht: pathologisch).[33] Zum Glück haben Institutionen wie die Venedig-Kommission des Europarats inzwischen sehr gut begriffen, wie die selektiven (und opportunistischen) Verfassungsvergleiche der neuen Autokraten funktionieren: Der Ansatz solcher Experten nimmt das Ganze in den Blick – und aus dieser Perspektive lassen sich dann auch die neuen Frankenstaaten effektiv kritisieren.

Wer trotzdem noch meint, solche Gesamturteile über politische Systeme seien doch immer ganz subjektiv, muss sich fragen lassen, wie man dann überhaupt ein abschließendes Urteil darüber fällen soll, ob ein Land in die Europäische Union aufgenommen werden kann. Die sogenannten Kopenhagen-Kriterien legen fest, dass dies nur bei Demokratien möglich ist, in denen auch eine »rechtsstaatliche Ordnung« garantiert ist. Letzten Endes entscheidet darüber die Europäische Kommission – und man kann einzelne Urteile der Kommission natürlich mit guten Gründen kritisieren. Es wird aber kaum jemand behaupten wollen, diese Dinge seien so undurchschaubar und mysteriös, dass sich überhaupt nichts Bestimmtes sagen ließe.

Ein falsches Bild: »Die Balance von Freiheit und Sicherheit«

Folgt aus dem Liberalismus der Furcht nicht vor allem eins: die Idee, Freiheit von Furcht bedeute letztlich nichts anderes als individuelle und kollektive Sicherheit – und rechtfertige Einschränkungen der Freiheit zugunsten der Sicherheit? Ist Furcht nicht zumindest konstitutiv für subjektive Unsicherheit und damit in gewisser Weise auch: Unfreiheit – weil man sich wegen der Bandenkriminalität nicht mehr auf die Straße traut oder angesichts der Gefahren des internationalen Terrorismus nur mehr selten ins Flugzeug steigt?[34]

Das auf den ersten Blick so einleuchtende Bild eines Gleichgewichts (oder auch einer goldenen Mitte) zwischen Freiheit und Sicherheit spukt seit den siebziger Jahren durch politische und juristische Debatten; nach den Anschlägen vom 11. September orientiert man sich noch stärker an ihm. Bereits Anfang der achtziger Jahre hatte der Staatsrechtler Josef Isensee ein »Grundrecht auf Sicherheit« postuliert; vor einigen Jahren beförderte es ein Minister gar zu einem »Supergrundrecht« – nach dem Motto: Ohne Sicherheit seien alle anderen Grundrechte nur Schall und Rauch.[35]

Der Liberalismus der Furcht liefert keine Argumente für derartige Versuche, Sicherheit gegen Freiheit auszuspielen oder Erstere gar kategorisch Letzterer überzuordnen. Für ihn ist Furcht für ihn kein Argument an sich, sondern ein Anhaltspunkt für mögliche Missstände. Furcht kann man vor allem Möglichen haben – das obere eine Prozent der US-Gesellschaft beispielsweise fürchtet sich vor höheren Steuern; die Rechtspopulisten behaupten, die allein von ihnen korrekt verstandenen »Sorgen und Nöte« der Bürger müssten ganz dringend in ganz bestimmte Maßnahmen umgesetzt werden. Inwiefern Furcht berechtigt ist, muss jedoch immer zunächst anhand der *Gründe* von Furcht – und nicht zuletzt: von Fakten – debattiert und idealerweise demokratisch entschieden werden.[36] Furcht kann, ja muss zum Gegenstand politischer Urteilskraft werden.

Alle potenziellen Quellen auch von berechtigter Furcht werden sich nie umfassend und endgültig beseitigen lassen, egal wie sicherheitsoptimierend ein Staat vorgeht. Der Eintritt mancher Gefahren ist höchst unwahrscheinlich – Versuche, sie ganz auszuschalten, könnte selber wiederum Furcht auslösen beziehungsweise zu weitreichenden Einschränkungen von Freiheit führen, beispielsweise durch eine permanente Überwachung.[37] Aus der Orientierung an »Freiheit von Furcht« ergibt sich kein Mandat für ein von subjektivem Empfinden bestimmtes Vorsorgeprogramm für alle Eventualitäten.

Mit dem Bild vom Gleichgewicht von Freiheit und Sicherheit wird zudem suggeriert, hier ließen sich zwei quantitative Größen gegeneinander aufrechnen; jedes Gemeinwesen könne je nach kollektiver Risikobereitschaft ihr Verhältnis anders justieren. Das ist in zweierlei Hinsicht irreführend: Die Sicherheitsbehörden wollen bekanntlich immer mehr Zuständigkeiten und Befugnisse; den empirischen Beweis, dass sich dadurch ein wirkliches

Mehr an Sicherheit ergibt, bleiben sie häufig schuldig (und dann traut sich bekanntlich so gut wie kein Politiker, Befugnisse wieder zurückzunehmen).

Zweitens – und dies ist kein empirisches, sondern ein normatives Argument – geht es gar nicht um quantifizierbare Größen. Versuche politischer Philosophen, Freiheit möglichst neutral, ohne Werturteile, zu fassen, führen zu wenig einleuchtenden, oftmals auch eigentümlich unpolitischen Ergebnissen. In einem Land ohne Verkehrsampeln und mit minimaler Straßenverkehrsordnung habe ich wohl quantitativ mehr Bewegungsfreiheit als in Deutschland; wenn in dem Staat aber die Meinungsfreiheit extrem eingeschränkt ist (und diese Einschränkung, sagen wir mal, digital überwacht wird), wird man kaum von einem »freieren« Gemeinwesen sprechen (auch wenn mich Politik gar nicht interessiert und ich nie etwas Verbotenes sagen würde).[38]

Damit nicht genug. Wie der Jurist Oliver Lepsius gezeigt hat, steht in vielen Diskussionen um »die richtige Balance« einer Reihe ausdifferenzierter Freiheitsrechte ein ganz allgemeines kollektives Recht auf Sicherheit gegenüber.[39] Erstere sind konkrete Abwehrrechte des Individuums gegenüber dem Staat (sowie auch gegen die Übergriffe anderer Personen); Letztere bezieht sich auf eine diffuse Gefahr, die theoretisch von jedem ausgehen kann (so dass, mit Lepsius' Worten, die individuelle Freiheit unter einen gesellschaftlichen Vorbehalt gestellt wird). Wenn die Polizei beispielsweise dreißig Kilometer vor einer Grenze ohne Verdachtsmomente Menschen kontrollieren darf, so Lepsius, entindividualisiere dies den Einzelnen: Er stellt allein deshalb eine Gefahr dar, weil er sich am falschen Ort aufhält.

Umgekehrt wird die Argumentation jedoch nicht plausibler. Das Bild des Gleichgewichts suggeriert, es könne ein akzeptabler Tausch (oder *trade-off*) sein, die Freiheitsrechte aller einzuschränken, wenn man im Gegenzug einen Zugewinn an Sicherheit für die gesamte Bürgerschaft bekommt.[40] Dies übersieht jedoch, dass Einschränkungen oft nur ohnehin schon misstrauisch beäugte Minderheiten betreffen.[41] Zum Beispiel: Nicht jeder wird abgehört oder auf der Straße kontrolliert, sondern nur diejenigen, die wie auch immer bereits als Muslime identifiziert worden sind, unterstehen einem Generalverdacht. Hier zeigt der Liberalismus der Furcht gerade, wie kontraproduktiv eine vermeintlich für alle vorteilhafte Entscheidung zugunsten der Sicherheit sein kann. Wer meint, der unbescholtene Bürger habe ja nichts zu fürchten, weiß eben nicht, wie es sich anfühlt, in der Gewalt staatlicher oder auch nichtstaatlicher Akteure (man denke an die selbst ernannten Grenzschützer in den USA und Osteuropa) zu sein, die Spielräume für willkürliche Maßnahmen nutzen können.

Der Liberalismus der Furcht weist nicht in Richtung einer Generalermächtigung des Staates im Namen der Sicherheit. Es ist vielmehr ein Liberalismus der Rechte, der konkrete Freiheiten als Grundrechte kodifiziert und, im Falle ihrer Verletzung, den Rechtsweg eröffnet. Diese Freiheiten können nicht im Namen eines allgemeinen Verfassungswerts wie Sicherheit (oder eines Ideals wie Gerechtigkeit) ausgehebelt werden, auch wenn es legitim ist, Gerechtigkeit und Sicherheit generell als Staatsziele festzulegen (wobei seit Hobbes die »Sicherheit« im »Staat« eigentlich immer schon mit drinsteckt).[42] Somit existiert auch kein individuelles Recht auf Sicherheit als solches, das sich irgendwie einklagen ließe.[43]

Es gilt also: Der Liberalismus der Furcht legitimiert nicht die eingängige Vorstellung einer Balance oder eines Abwägens zwischen Freiheit und Sicherheit. Ganz im Gegenteil.

Falsche Verallgemeinerungen

Dieses Buch ist bisher eine direkte Antwort auf die neuen philosophischen oder auch theokratischen Antiliberalen schuldig geblieben. Das hat damit zu tun, dass diese Denker vieles (ob nun bewusst oder nicht) im Vagen halten. Zwar klingen ihre Aussagen oft so, als würden direkte kausale Zusammenhänge behauptet – der Liberalismus ist daran schuld, dass reiche Eltern bei der Zulassung zum College schummeln –, der globale Erfolg der ihnen so verhassten Ideologie wird jedoch nie wirklich erklärt (man landet höchstens bei Ansichten wie der, der Liberalismus sei eine Art Religion, die besonders erfolgreich missioniere – was freilich die Frage unbeantwortet lässt, *warum* die Missionsarbeit anscheinend so gut funktioniert).

Fest steht aus Sicht der neuen Antiliberalen: Die liberale Ordnung wankt, ja fällt schon, zumindest in Zeitlupe, und man sollte sie noch stoßen.[44] Und noch etwas ist klar:

Der Liberalismus ist ein Komplettpaket, das sich nicht in seine Bestandteile auflösen lässt (oder eben eine Theologie aus einem Guss).[45] Genau diese Einschätzung habe ich in diesem Essay infrage gestellt.

Von Carl Schmitt inspirierte Kritiker werden behaupten, der vermeintlich neutrale Staat gebe aber eben doch ein Lebensideal vor. Wer das unter den Liberalen nicht verstehe und die Rede von der Neutralität ernst nehme, werde dem Antiliberalismus nichts entgegensetzen können; wer es begreife und sich ins politische Getümmel stürze, gebe die liberale Grundvorstellung auf, es gelte, gänzlich über der Politik zu stehen. Nur ist das nicht die Grundvorstellung. Der Liberalismus der Rechte ermöglicht mehr Spielräume als alle anderen Regime, nicht zuletzt dadurch, dass er Ausnahmen von seinen Gesetzen bei gewichtigen Gründen (wie religiösen Pflichten) zulässt. Aber selbst weite Spielräume brauchen Regeln. Dass diese immer wieder demokratisch neu ausgehandelt werden, bringt Unsicherheit ins Spiel. Unsicherheit muss man aushalten können (und man muss kontinuierlich das Vertrauen aufbringen, dass es nicht zu viele Spielverderber gibt).[46]

Die Alternative besteht darin, die Leere, welche weite Spielräume angeblich schaffen, ein für alle Mal zu füllen, Unsicherheit mit Sicherheit zu beenden – und das alles wohl mit einem »Höchsten Gut«. Worauf diese Alternative wirklich hinausläuft, verdeutlicht ein Zitat, das einem der philosophisch und theologisch anspruchsvollsten Antiliberalen unserer Tage lieb ist. Es stammt aus dem 19. Jahrhundert und wird gemeinhin dem autoritären Katholiken

Louis Veuillot zugeschrieben: »Wenn die Liberalen an der Macht sind, fordern wir von ihnen Freiheit, denn dies ist ihr Prinzip; wenn wir an der Macht sind, werden wir sie ihnen verweigern, denn dies ist unser Prinzip.«[47]

Schluss, nicht am Ziel

Ist der Liberalismus obsolet? Obsolet sollte jedenfalls eine Diskussion über Liberalismus sein, die mit falschen Gleichsetzungen, falschen Gegensätzen und falschen Verallgemeinerungen operiert. Dieser Essay hat insbesondere zu zeigen versucht, dass das Narrativ vom Konflikt zwischen »Volk« und »liberalen kosmopolitischen Eliten« als Zeitdiagnose in die Irre führt (was, es sei noch einmal betont, nicht heißen soll, dass es in Bezug auf die Mächtigen nichts zu kritisieren gäbe). Zudem sollte deutlich geworden sein, dass die Konfliktlinien nicht sauber zwischen Kommunitaristen und Kosmopoliten verlaufen. Die Populismusversteher, die für sich in Anspruch nehmen, die Sorgen und Nöte der Bürger zu kennen (Elitenversteher gibt es deutlich weniger), verzerren im Zweifelsfall mehr, als sie verstehen.

Ich habe in diesem Buch für eine »Entkulturalisierung« der politischen Auseinandersetzung plädiert (was, auch dies sei noch einmal betont, nicht heißt, dass Kultur immer nur irgendwie Schaum auf den wahren Konflikten ist oder nicht Gegenstand politischer Auseinandersetzungen sein dürfte). Es zeigt eine gewisse Hilflosigkeit, wenn alle Gegensätze, die sich nicht auf ein krudes Verständnis materieller Interessen reduzieren lassen, automatisch der »Kultur« zugeschlagen werden. Grundrechte für Minderheiten, die bisher in Furcht leben mussten – eine kulturelle Frage? Schutz der Kulturen von Minderheiten – wirklich eine kulturelle Frage oder doch eher eine des Prinzips der Gleichbehandlung? Oder Klimaschutz – wirklich eine Frage der Kultur, wie neuerdings bisweilen auch behauptet wird?

Es sind die populistischen Führer, die Konflikte stets auf Kulturkämpfe reduzieren wollen. Und letztlich auf die Frage echter Zugehörigkeit. Die Frage »Wer ist der wahre Deutsche?« ist jedoch in einem pluralistischen Gemeinwesen sinnlos. Was nicht sinnlos ist: Geteilte Prinzipien wie Freiheit und Gleichheit immer wieder in Erinnerung zu rufen – mit einem Wort: Verfassungspatriotismus – und für ihre umfassendere Verwirklichung zu streiten. Und gleichzeitig Minderheiten vor der Überwältigung oder gar bewussten Einschüchterung durch eine Mehrheitskultur zu schützen – eben im Namen geteilter Prinzipen wie Gleichbehandlung.

Der Staat ist nicht dazu da, eine Mehrheitskultur zu schützen und kollektiven Sinn zu stiften. Dass er das nicht tut, wird ihm von Antiliberalen heute einmal mehr vorgeworfen. Warum einige anderen vorschreiben sollten, worin der Sinn ihres Lebens besteht, bleibt unklar; ebenso was es rechtfertigen könnte, die vermeintliche Leere, die der Liberalismus hinterlässt, durch Zwangsmaßnahmen zu füllen. Im Übrigen wäre erst noch zu beweisen, dass Wählerinnen und Wähler antiliberaler Parteien wirklich primär an Sinndefiziten leiden. Manchmal sind es eben nicht die »liberalen Eliten«, die den »einfachen Leuten« nichts zutrauen; es sind die Antiliberalen, die meinen, die Leute fänden sich alleine halt einfach nicht zurecht.

Ein weiteres Anliegen dieses Essays bestand darin, angesichts so mannigfaltiger Missverständnisse einmal zumindest mit groben Strichen die Geschichte liberalen politischen Denkens nachzuzeichnen. Dabei habe ich auf einige typische Schwächen hingewiesen. Vor allem auf die Tendenz, Entpolitisierungsstrategien einzusetzen, um jene Stabilisierung zu erreichen, die der Liberalismus als nachrevolutionäres Phänomen seit je angestrebt hat. Rechtsstaat und Markt sollten potenziell tödlichen Passionen Schranken setzen oder sie in friedlichen ökonomischen Wettbewerb umleiten. Vormoderne Vorstellungen von Liberalität – verstanden als Großzügigkeit und als Bereitschaft, Spielräume zu lassen – sollten ebenfalls politischen Auseinandersetzungen die Schärfe nehmen.

Dass all dies nicht wirklich unpolitisch ist, dass Markt und Schutz des Einzelnen vor Willkür eben nicht immer zusammengehen, dass Wirtschaft Bedürfnisse nach Anerkennung nicht immer befriedigt, hat dem Liberalismus – nicht zu Unrecht – regelmäßig Vorwürfe der »Heuchelei, Inkonsequenz und Unsittlichkeit« (Marx) eingebracht. Der Versuch wiederum, Spielräume zu lassen und Kompromisse zu ermöglichen, hat ihm den Ruf des Opportunistischen und konsequent Inkonsequenten eingetragen. Ein »realistischer« Philosoph wie Raymond Geuss kann sich da nur angewidert abwenden von »der lauwarmen und schleimigen Pfütze, die von Locke, J.S. Mill und Isaiah Berlin geschaffen wurde«.[1]

Als Alternative habe ich, im Anschluss an Judith Shklar, die Option eines »Liberalismus von unten« beleuchtet. Shklars Liberalismus der Furcht war kein politisches Programm; es ging der Theoretikerin vielmehr um eine Art Sensorium für Erfahrungen von Verletzung, Furcht und vor allem Grausamkeit. Hier läuft man Gefahr, wieder bei Liberalismus als einer reinen Temperamentsfrage zu landen, wenn auch nicht bei einem wohltemperierten Liberalismus nach dem Motto »Lauheit über alles«. Aber in der Tat bei einem Liberalismus, der sich als eine bestimmte Sensibilität verstehen (und kultivieren) lässt, denn Shklars Liberalismus legt einem nicht nahe, was man denken soll – allerdings schon, worüber man nachdenken sollte. Und er beinhaltet die konkrete Aufforderung, erst einmal den Opfern zuzuhören. Dabei spricht er den Opfern kein Monopol bei der politischen Verarbeitung ihrer Erfahrungen zu und er hält auch keine simplen normativen Schemata bereit, die den Beteiligten jedes Nachdenken abnehmen würden.

Ein solcher Ansatz muss durch das ergänzt werden, was Shklar Liberalismus der Rechte genannt hat, eine Position, die seit den Frühzeiten des Liberalismus primär als eine Form des Konstitutionalismus (aber eben nicht Demokratie!) bekannt ist. Rechte schützen den Einzelnen und eröffnen furchtfreie Räume. Freilich kann man nicht einfach so auf einen Liberalismus der Rechte verweisen und glauben, damit sei bereits alles geklärt. Rechte sind legitimerweise umstritten, Bürger, die sich prinzipiell als freie und gleiche gegenseitig anerkennen, können sich hier mit guten Gründen uneins sein. Worüber sie sich aber einig sein sollten: Sie können sich nicht auf das Wohlwollen von Institutionen – ob nun Exekutiven oder dominanten Unternehmen – verlassen; konzentrierte Macht, der man schutzlos ausgeliefert ist, stellt einen latenten Despotismus dar.

Aus diesem, aber nicht nur aus diesem, Grund lassen sich dann wiederum Liberalismus der Rechte und Demokratie nicht trennen. Ohne politische Grundrechte keine Demokratie, und ohne Demokratie keine Möglichkeit, auf faire Weise über die Ausgestaltung von Rechten zu streiten. Ohne Demokratie bleibt man Mächtigen ausgeliefert, die vielleicht gelegentlich gönnerhaft rechtsstaatliche Garantien gewähren, diese aber jederzeit zurücknehmen können, wenn es ihnen Vorteile verschafft: Freiheiten unter Vorbehalt werden aber gerade jene Personen in Furcht versetzen, die Shklar als »permanente Minderheiten« bezeichnet hat.

Diese Minderheiten können sich natürlich auch vor demokratischen Mehrheiten fürchten, vor allem vor Mehrheiten, die selber Furcht vor Minderheiten haben (was der Globalisierungstheoretiker Arjun Appadurai »fear of small numbers« genannt hat, »Furcht vor kleinen Gruppen«[2]). Shklars Pointe im Hinblick auf solche fatalen gesamtgesellschaftlichen Furchtspiralen war nicht nur die altliberale, also dass Gerichte dann eben eine besonders wichtige Schutzfunktion hätten. Der Liberalismus der Furcht setzt darauf, dass man Bürgerinnen und Bürger für das Leiden von Minderheiten sensibilisieren kann, dass die Minderheiten vielleicht permanent sind, nicht aber die Abneigungen und Vorurteile gegen sie. Eine naive Hoffnung? Vielleicht. Aber eben auch ein Anspruch, der aus dem erwächst, was Orwell »common decency«, alltäglichen Anstand, nannte oder was Shklar als wachsame Staatsbürgerschaft bezeichnet hat. Angesichts der zunehmenden Verrohung westlicher Gesellschaften, wo man inzwischen Minderheiten wie Eliten buchstäblich zum Abschuss freigibt, ist diese Forderung nicht trivial. Sie ist auch kein moralischer Luxus, den sich nur Besserverdienende leisten können. Und eine solche Haltung ist nicht nur in politisch schlechten Zeiten wichtig (wenn Grausamkeit ohnehin weithin sichtbar und *Hoffnung* dringend vonnöten ist), sondern auch in scheinbar ruhigen, wenn man selbstzufrieden wird und politisch zu viel für selbstverständlich hält.[3]

Bleibt noch der Selbstvervollkommnungsliberalismus als eine dezidiert ethische Forderung. Hier handelt es sich um etwas, das man noch am ehesten als individualistische Kulturform bezeichnen könnte oder auch als Lebensstil (oder vielleicht gar eine Abfolge von Stilformen, die der Einzelne ausprobieren soll). Der wichtige Unterschied sei noch einmal unterstrichen: auf der einen Seite ein Liberalismus in einem ethischen (und ästhetischen) Sinn, auf der anderen ein umfassender, nämlich ein Liberalismus der Rechte. Ersterer schreibt sich das postromantische Ideal möglichst großer individueller Selbstentfaltung auf die Fahnen, Letzterer will die Voraussetzungen eines autonomen Lebens für alle Bürgerinnen und Bürger sichern, ohne bestimmte Lebensformen höher zu bewerten als andere (also ohne zu behaupten, nur eine der Selbstvervollkommnung in mannigfaltigen Situationen gewidmete Existenz sei eine wahrhaft gelungene).

Der Imperativ liberaler Inklusion war nicht schon immer gleichbedeutend mit Unterstützung für Demokratie.

Liberale im weiteren, vor allem aber die im engeren Sinn haben sich lange sehr schwergetan mit einer umfassenden, an keine Vorbedingungen gebundenen Beteiligung des Volkes an Wahlen. Relativiert wurde dieses Misstrauen durch ein Fortschrittsnarrativ, dem zufolge irgendwann alle richtig mit dabei sein würden – so sie denn nur ausreichend gebildet, vermögend oder sonst irgendwie »befähigt« seien. Eine ähnliche Erwartungshaltung wurde von liberalen Imperialisten gehegt: Eines fernen Tages würden auch die jetzt noch ganz kindlichen Völker reif sein für Selbstentfaltung und politische Selbstbestimmung. Spuren solcher elitärer Attitüden lassen sich auch in der Gegenwart unschwer finden.

Daraus folgt nicht, dass heutige Konflikte sich besonders treffend als Konfrontation zwischen illiberaler Demokratie und undemokratischem Liberalismus beschreiben ließen. Was derzeit auf dem internationalen Markt der Legitimationsstrategien als »illiberale Demokratie« feilgeboten wird, ist nicht nur illiberal, sondern auch undemokratisch; andererseits kann sicherlich nicht jede Form von Technokratie in irgendeinem gehaltvollen Sinn als liberal bezeichnet werden. Die Gegenüberstellung »illiberale Demokratie« vs. »undemokratischer Liberalismus« ist konzeptionell schön sauber, empirisch aber oft falsch.

Liberale haben den Staat als wichtigstes Instrument der Inklusion behandelt – aber auch als potenziell mächtigsten Unterdrücker. Liberale der Furcht hatten gute Gründe, eine Gesellschaft furchtsamer Menschen zu fürchten; und sie identifizierten den Staat als offensichtlichste

Quelle von Furcht. Aus dieser Position lassen sich allerdings nicht eins zu eins »Lektionen« für das 21. Jahrhundert ableiten. Sicherlich gibt es immer noch Formen von Grausamkeit, für die Regierungen direkt verantwortlich zeichnen. Und es ist auch nicht abwegig, den technologisch fortgeschrittenen Überwachungsautoritarismus, wie er heute in China perfektioniert wird, mit dem Wort totalitär in Verbindung zu bringen. Aber viele Formen von Furcht haben heute mit Abhängigkeiten zu tun, die primär von nichtstaatlichen Akteuren geschaffen werden. Das »private Regieren« durch Unternehmen – nicht zuletzt in Verbindung mit der Disziplinierungslogik des Neoliberalismus – weckt eine eigene Art von Furcht. Vermachtete Märkte und oligarchische Formen des Rentierkapitalismus sind Herausforderungen, auf die auch der Liberalismus der Furcht antworten kann – aber nur, wenn man sich die Mühe macht, das Spezifische an der Gegenwart zu verstehen.

Anmerkungen

Start: Zwischen Selbstgefälligkeit und Selbstkasteiung

1 Putin im Wortlaut: »Die liberale Idee ist überholt. Sie steht heute im Konflikt mit den Interessen der überwältigenden Mehrheit der Bevölkerung.« Auf LGBT-Rechte angesprochen, sagte er: »Alle sollen glücklich sein, damit haben wir kein Problem«, aber: »[W]ir dürfen nicht zulassen, dass davon die Kultur, die Traditionen und traditionellen Familienwerte von Millionen von Menschen überschattet werden, die die Kernbevölkerung ausmachen.« (Zitiert nach Lionel Barber/Henry Foy/Alex Barker, »Vladimir Putin says liberalism has ›become obsolete‹«, in: *Financial Times* [26. Juni 2019], online verfügbar unter: {https://www.ft.com/content/670039ec-98f3-11e9-9573-ee5cbb98ed36} [alle URL Stand Oktober 2019]) Donald Trump meinte zu Putins Äußerungen, es gebe in der Tat ein Problem mit »Western liberalism«, nämlich in Los Angeles und San Francisco.

2 Eine mögliche Ausnahme: der Brief, den der damalige iranische Präsident Mahmud Ahmadinedschad 2006 an George W. Bush schrieb. Ahmadinedschad konstatierte darin ebenfalls das Scheitern des Liberalismus; vgl. dazu N. N., »Liberalismus und Demokratie sind gescheitert«, in: *Spiegel online* (9. Mai 2006), online verfügbar unter: {https://www.spiegel.de/politik/ausland/ahmadinedschads-brief-an-bush-liberalismus-und-demokratie-sind-gescheitert-a-415194.html}.

3 Paul Dallison, »Russians troll EU with liberalism poll«, in: *Politico* (1. Juli 2019), online verfügbar unter: {https://www.politico.eu/article/russians-troll-eu-with-liberalism-poll-embassy-uk/}.

4 Ich erlaube mir hier, zwei Sätze aus Walter Benjamins »Über den Begriff der Geschichte« zu paraphrasieren; die Benjaminianer mögen es verzeihen.

5 Das Genre ist nicht gerade neu: Arnold Ruge etwa legte 1843 seine *Selbstkritik des Liberalismus* vor.

6 Siehe beispielsweise Jan Zielonka, *Konterrevolution. Der Rückzug des liberalen Europa*, aus dem Englischen von Ulrike Bischoff, Frankfurt am Main/New York: Campus 2019.

7 Cass R. Sunstein, »Isism, or Has liberalism ruined everything?«, Harvard Public Law Working Paper 19-19 (15. April 2019), online verfügbar unter: {https://papers.ssrn.com/sol3/papers.cfm?abstract_id=3372364}.

8 Thierry Baudet, »Houllebecq's unfinished critique of liberal modernity«, in: *American Affairs* III/2 (2019), online verfügbar unter: {https://americanaffairsjournal.org/2019/05/houellebecqs-unfinished-critique-of-liberal-modernity/}.

9 Statt vieler: Patrick Deneen, *Why Liberalism Failed*, Princeton: Princeton University Press 2018. Einer der wenigen philosophisch anspruchsvollen

Versuche, Postliberalismus jenseits antiliberaler Klischees à la Deneen zu denken, ist John Milbank/Adrian Pabst, *The Politics of Virtue: Post-Liberalism and the Human Future*, London: Rowman & Littlefield International 2016.

10 Nancy Fraser, »Vom Regen des progressiven Neoliberalismus in die Traufe des autoritären Populismus«, in: *Die große Regression. Eine internationale Debatte über die geistige Situation der Zeit*, herausgegeben von Heinrich Geiselberger, Berlin: Suhrkamp 2017, S. 77-91.

11 Andreas Reckwitz, *Die Gesellschaft der Singularitäten. Zum Strukturwandel der Spätmoderne*, Berlin: Suhrkamp 2017, S. 371.

12 Judith N. Shklar, »The liberalism of fear«, in: *Liberalism and the Moral Life*, herausgegeben von Nancy L. Rosenblum, Cambridge, MA: Harvard University Press 1989, S. 21-38; auf Deutsch mit einer Reihe maßgeblicher Aufsätze: *Der Liberalismus der Furcht*, herausgegeben und aus dem Englischen von Hannes Bajohr, Berlin: Matthes & Seitz 2013, S. 39. Im Original »liberalism of development«.

13 Der entsprechende Ausdruck in der britischen Diskussion war »capacity«, weswegen Ideenhistoriker von »capacitarian discourses« sprechen.

14 Duncan Bell, »What is liberalism?«, in: *Political Theory* 42/2014, S. 682-715. Wem solche Geschichten immer noch zu glatt oder gar teleologisch sind, der sei verwiesen auf Domenico Losurdo, *Freiheit als Privileg. Eine Gegengeschichte des Liberalismus*, aus dem Italienischen von Hermann Kopp, Köln: Papyrossa 2010. Losurdo bleibt allerdings negativ auf eine hagiografische Liberalismus-Erzählung (Locke als Gründervater ...) fixiert.

15 Shklar, *Der Liberalismus der Furcht*, a.a.O.

16 Siehe hierzu vor allem Elizabeth Anderson, *Private Regierung. Wie Arbeitgeber über unser Leben herrschen (und warum wir nicht darüber reden)*, aus dem Englischen von Karin Wördemann, Berlin: Suhrkamp 2019.

17 In diesem Sinne auch Shklar: »[W]as meiner Ansicht nach die Aufgabe der politischen Theorie ist: dafür zu sorgen, dass unsere Konversationen und Überzeugungen über unsere Gesellschaft vollständiger und kohärenter werden, und die Urteile, die wir für gewöhnlich treffen, und die Möglichkeiten, die wir normalerweise sehen, kritisch zu hinterfragen.« (Judith N. Shklar, *Ordinary Vices*, Cambridge, MA: Harvard University Press 1984, S. 226)

1. Einbahnstraße?

1 Immer noch am klarsten zu dieser grundsätzlichen Unterscheidung: Stephen L. Darwall, »Two kinds of respect«, in: *Ethics* 88/1 (1977), S. 36-49.

2 Fukuyama hat diese These jüngst noch einmal aufgetischt, allerdings hat er allerlei neue Zutaten dazugerührt. So setzt er jetzt »linke Idenitätspolitik« mit Trumpismus, Neonationalismus etc. gleich; Francis Fukuyama,

Identität. Wie der Verlust der Würde unsere Demokratie gefährdet, aus dem Englischen von Bernd Rullkötter, Hamburg: Hoffmann und Campe 2019.

3 Aron bezeichnete sich persönlich als »Keynesianer mit einigem Bedauern über den Liberalismus«. Haycks Freiheits- und Politikverständnis kritisierte er in den Aufsätzen »La définition libérale de la liberté« (in: *Archives Européennes de Sociologie* 2/2 [1961], S. 199-218) sowie »Liberté, libérale ou libertaire?« (in: *La liberté et l'ordre social: Textes des conferences et des entretiens organises par les Rencontres Internationales de Genève*, Neuenburg: Éditions de la Baconnière 1969, S. 67-112).

4 Ein Beispiel: »Ich habe stets zu mir gesagt, dass mir Jesuiten lieber sind als verwirrte Leute mit guten Absichten. Zumindest weiß man bei ihnen, wofür und wogegen man kämpft, und die Waffen bleiben scharf.« (Isaiah Berlin to Bernard Williams [7. März 1969], in: *Building. Letters 1960-1975*, herausgegeben von Henry Hardy und Mark Pottle, London: Chatto & Windus 2013, S. 377)

5 Arthur Schlesinger bemerkte reumütig: »[D]er Kalte Krieg und die offenkundigen Grausamkeiten des Kommunismus haben bei uns die Tendenz geweckt, unser System als ein System zu verteidigen. Aber es lässt sich nicht leugnen, dass das System als solches eine ganze Reihe anhaltender Ungerechtigkeiten und Übel toleriert.« (Arthur M. Schlesinger jr., *Journals 1952-2000*, New York: Penguin 2007, S. 313)

6 Aron prägte den Ausdruck »konstitutionell-pluralistisches Regime« (*régime constitutionnel-pluraliste*).

7 Friedrich von Hayek zitierte am Ende seines erfolgreichsten Buches Milton: »Möge England nie sein Vorrecht vergessen, die Völker zu lehren, wie man leben soll!« Damit wollte der Exilant sicher nicht nur den Menschen in seiner neuen Heimat gefallen.

8 Hobbes dozierte zudem, dass Furcht an sich nicht unfrei mache: »Feare and Liberty are consistent« – »Furcht und Freiheit sind vereinbar«; Thomas Hobbes, *Leviathan, oder Stoff, Form und Gewalt eines bürgerlichen Staates*, aus dem Englischen von Walter Euchner, Berlin: Suhrkamp 2017 [1651], S. 163. Hobbes stilisierte sein eigenes, ausgeprägt enges Verhältnis zur Furcht mit der berühmten Geschichte seiner Geburt: Aus Furcht vor der anrückenden spanischen Armada habe seine Mutter eine Frühgeburt erlitten: »Und eine solche Furcht empfing da meine Mutter, dass sie Zwillinge gebar, mich und zugleich die Furcht.« (Thomas Hobbes, *The Life of Thomas Hobbes of Malmesbury*, London 1680, S. 2)

9 Siehe auch den ausgezeichneten Aufsatz von Jonathan Allen: »The place of negative morality in political theory«, in: *Political Theory* 29/3 (2001), S. 337-363.

10 Michael Ignatieff, *The Warrior's Honor. Ethnic War and the Modern Conscience*, New York: Henry Holt 1997, S. 18f. Man beachte die problematische Gleichsetzung von Militärs und anderen als Opfer.

11 Bernhard Schlink, »Der Preis der Gerechtigkeit«, in: *Merkur* 58/667 (2004), S. 983-997.

12 Siehe beispielsweise Peter Beinart, »An argument for a new liberalism: A fighting faith«, in: *The New Republic* (13. Dezember 2004). Beinart war ein enthusiastischer Unterstützer des zweiten Irakkriegs. 2006 publizierte er das Buch *The Good Fight: Why Liberals – and Only Liberals – Can Win the War on Terror and Make America Great Again* (New York: Harper Collins) – man beachte den Untertitel.

13 Zit. n. Corey Robin, *Fear. The History of a Political Idea*, New York: Oxford University Press 2004, S. 24.

14 Botho Strauß, »Der Konflikt«, in: *Der Spiegel* 7 (13. Februar 2006), S. 120f.

15 Siehe zu dieser Kritik beispielsweise Robin, *Fear*, a. a. O.

16 Eine nicht ganz unähnliche Argumentation fand sich schon lange bei einigen französischen Intellektuellen; siehe vor allem die Arbeiten von Marcel Gauchet.

17 Vgl. Quinn Slobodian, *Globalisten. Das Ende der Imperien und die Geburt des Neoliberalismus*, aus dem Englischen von Stephan Gebauer, Berlin: Suhrkamp (im Erscheinen).

18 Vgl. Nancy MacLean, *Democracy in Chains. The Deep History of the Radical Right's Stealth Plan for America*, New York: Viking 2017.

19 Niklas Olsen, *The Sovereign Consumer: A New Intellectual History of Neoliberalism*, Cham, Schweiz: Palgrave Macmillan, 2019.

20 Die Selbst-, aber auch Fremddisziplinierungsmöglichkeiten haben sich mit neuen Quantifizierungs- sowie digitalen Überwachungstechnologien noch einmal enorm gesteigert; siehe Steffen Mau, *Das metrische Wir. Über die Quantifizierung des Sozialen*, Berlin: Suhrkamp 2017.

21 Zit. n. Ronald Butt, »Mrs. Thatcher: The first two years«, Interview mit Margaret Thatcher, in: *Sunday Times* (3. Mai 1981), online verfügbar unter: {https://www.margaretthatcher.org/document/104475 }.

22 Auch Ordoliberale wie Wilhelm Röpke erachteten das Christentum als unverzichtbar, ein Grund, weshalb deutsche Ökonomen im Denken der konservativen amerikanischen »fusionists«, die in den fünfziger und sechziger Jahren Markt und Moral zu versöhnen suchten, eine erstaunlich große Rolle spielten; siehe dazu den ausgezeichneten Aufsatz von James G. Chappel, »A servant heart. How neoliberalism came to be«, in: *Boston Review* (15. November 2015), online verfügbar unter: {http://bostonreview.net/books-ideas/james-chappel-servant-heart-religion-neoliberalism}.

23 Bereits auf dem Colloque Walter Lippmann 1938 in Paris war die Idee einer »supplementären Integration« zur Sprache gekommen.

24 Brillant zeigt dies Melinda Cooper in ihrem Buch *Family Values. Between Neoliberalism and the New Social Conservatism*, New York: Zone Books 2017. Vor allem weist sie nach, dass Neoliberale (wie manche Konservative) sich der Logik der sozialen Entbettung des Kapitalismus sowie der Notwendigkeit eines *reembedding*, wie Karl Polanyi sie beschrieben hat, durch-

aus bewusst sind: Die traditionelle Moral soll gerade diese Wiedereinbettung sicherstellen.

25 Zit. n. Olsen, *The Sovereign Consumer*, a.a.O., S. 62.

26 Serge Audier, *Le colloque Lippmann: Aux origines du néo-libéralisme*, Latresne: Bord de l'Eau 2008, S. 308.

27 Siehe beispielsweise die Arbeiten des deutschen Juristen Ernst-Ulrich Petersmann, den Quinn Slobodian der dritten Generation der von ihm porträtierten »Ordoglobalisten« zurechnet (*Globalisten*, a.a.O., Kap. 7).

28 William Davies, »Moral hazard: The shifting ethos of neoliberalism«, in: *New Left Review* 99 (September/Oktober 2016), S. 1-17.

2. Schleudertrauma

1 Albrecht Koschorke, »Auf der anderen Seite des Grabens« (2018), online verfügbar unter: {http://www.zflprojekte.de/zfl-blog/2018/08/30/albrecht-koschorke-auf-der-anderen-seite-des-grabens/}.

2 Darüber hinaus gibt es bekanntlich immer Vorwürfe von Heuchelei – liberalen Moralismus muss man sich leisten können –, die allerdings nicht gerade neu sind: »Links reden, rechts leben« ist nicht erst im Zuge der Debatte über Populismus zu einem Totschlagargument geworden.

3 Trump ließ verlauten: »Die schweigende Mehrheit ist zurück, und sie ist nicht still. Sie ist aggressiv.«

4 Trumps Rhetorik stellt in dieser Hinsicht keinen grundsätzlichen Bruch dar: Vor nicht allzu langer Zeit pries Sarah Palin »diese wunderbaren kleinen Inseln dessen, was ich das echte Amerika nenne«.

5 *Souverainisme* in Frankreich, *sovranismo* in Italien etc. Der Hinweis sei erlaubt, dass Staaten, die weiterhin das Recht haben, aus der Union auszutreten, offensichtlich ihre Souveränität nicht verloren haben.

6 Das rührend Naive an vielen nationalistischen Populisten (und Philosophen) ist gerade, dass sie meinen, man müsste die liberalen Eliten erst einmal über nationale Interessenvertretung belehren – ganz so, als würden Merkel, Macron etc. wirklich immer nur die Interessen der Menschheit verfolgen; siehe dazu beispielsweise Yoram Hazony, *The Virtue of Nationalism*, New York: Basic Books, 2018.

7 David Goodhart, *The Road to Somewhere. The Populist Revolt and the Future of Politics*, London: Hurst 2017.

8 David Goodhart, »Why I left my liberal London tribe«, in: *Financial Times* (17. März 2017), online verfügbar unter: {https://www.ft.com/content/39a0867a-0974-11e7-ac5a-903b21361b43}.

9 Ich spare mir hier den banalen Hinweis, dass die *anywheres* natürlich auch nicht wirklich überall leben können oder wollen: Nämlich gerade da nicht, wo – so man denn Goodharts simpler Unterscheidung folgt – sich *somewheres* besonders wohl fühlen. Goodhart weist selbst darauf hin, dass die

wohlhabenden Mitglieder seines liberalen Stammes nach dem Studium nicht »irgendwo« leben, sondern so gut wie alle in ihrem Stammesgebiet London. Viel plausibler wären (statt der Reichtumsmigranten) viele Geflüchtete als *anywheres* zu bezeichnen. Kritik an dieser klischeehaften und zutiefst irreführenden Konzeption von Kosmopolitismus üben auch Lorenzo Marsili und Niccolò Milanese in ihrem Buch *Wir heimatlosen Weltbürger* (aus dem Englischen von Yasemin Dinçer, Berlin: Suhrkamp 2019).

10 Viele empirische Belege sind zusammengefasst in dem Kapitel »Die Mär von den kosmopolitischen Eliten«, in: Michael Hartmann, *Die Abgehobenen. Wie die Eliten die Demokratie gefährden*, Frankfurt am Main/New York: Campus 2018.

11 Siehe auch die klugen historischen Richtigstellungen von Bodo Mrozek, »Klassenkampf von rechts«, in: *Zeit online* (28. Juli 2019), online verfügbar unter: {https://www.zeit.de/kultur/2019-07/rechtspopulismus-identitaets politik-alexander-gauland-heimat-rechte-afd/komplettansicht}.

12 Brandon Gorman/Charles Seguin, »What conservatives get wrong about cosmopolitans«, in: *Washington Post* (27. Juli 2019), online verfügbar unter: {https://www.washingtonpost.com/politics/2019/07/27/what-conservati ves-get-wrong-about-cosmopolitans/}.

13 Caspar Hirschi, »Die Hasser und die Heuchler«, in: *Neue Zürcher Zeitung* (19. Juni 2017), online verfügbar unter: {https://www.nzz.ch/feuilleton/po pulismus-die-hasser-und-die-heuchler-ld.1300867} (Stand Juni 2019).

14 Ebenso brillant wie geschickt prokapitalistisch: David Brooks, *Die Bobos: Der Lebensstil der neuen Elite*, Düsseldorf: Econ 2001; siehe zur Fusionierung verschiedener Formen von Kapital Claudia Koppetsch, *Die Gesellschaft des Zorns: Rechtspopulismus im globalen Zeitalter*, Bielefeld: Transcript 2019.

15 Eine effektive (und in vieler Hinsicht erschreckende) Kritik an der britischen *chumocracy* (sinngemäß Kumpelwirtschaft), bei der Kompetenz oder Fachwissen überhaupt nicht mehr zählen, offeriert Aeron Davis, *Reckless Opportunists. Elites at the End of the Establishment*, Manchester: Manchester University Press 2018.

16 Luc Boltanski und Ève Chiapello unterscheiden zwischen der Sozialkritik an ausbeuterischen Arbeitsverhältnissen und einer auf Autonomie sowie kreative Ausdrucksmöglichkeiten abhebenden Künstlerkritik, wobei der »neue Geist des Kapitalismus« in der erfolgreichen Vereinnahmung Letzterer durch die Unternehmen bestehe; siehe Luc Boltanski/Ève Chiapello, *Der neue Geist des Kapitalismus*, aus dem Französischen von Michael Tillmann, Konstanz: UVK 2003.

17 Carlo Strenger, *Diese verdammten liberalen Eliten. Wer sie sind und warum wir sie brauchen*, Berlin: Suhrkamp 2019, S. 119.

18 Siehe auch Pieter de Wilde et al. (Hg.), *The Struggle over Borders. Cosmopolitanism and Communitarianism*, New York: Cambridge University Press 2019.

19 Ich danke Heinrich Geiselberger für Hinweise in diesem Zusammenhang.

20 Empirische Studien legen nahe, dass beispielsweise bis zu 50 Prozent der AfD-Wähler allein aus Protest handeln. Und viele Wähler trauen der Partei sogar bei ihrem Kernthema – Migration und Flüchtlingspolitik – keine Kompetenz zu; siehe Timo Lochocki, *Die Vertrauensformel. So gewinnt unsere Demokratie ihre Wähler zurück*, Freiburg: Herder 2018.

21 Das vermeintliche Gegenbeispiel der dänischen Parlamentswahlen im Mai 2019 ist empirisch längst nicht so eindeutig, wie einige eilfertige »realistische« Sozialdemokraten in Deutschland meinten.

22 Siehe beispielsweise Werner Patzelt, »Mängel in der Responsivität oder Störungen in der Kommunikation? Deutschlands Repräsentationslücke und die AfD«, in: *Zeitschrift für Parlamentsfragen* 49/4 (2018), S. 885-895.

23 Michael Saward, *The Representative Claim*, New York: Oxford University Press 2010.

24 Siehe auch Clara Hendrickson/Mark Muro/William A. Galston, »Countering the geography of discontent: Strategies for left-behind places« (November 2018), online verfügbar unter: {https://www.brookings.edu/research/countering-the-geography-of-discontent-strategies-for-left-behind-places/}.

25 Vgl. dazu allgemein Christophe Guilluy, *La France périphérique. Comment on a sacrifié les classes populaires*, Paris: Flammarion 2014.

26 Siehe Didier Fassin/Anne-Claire Defossez, »An improbable movement?«, in: *New Left Review* 115 (Januar/Februar 2019), S. 77-92.

27 In diese Richtung weist auch das wichtige Buch von Philip Manow, *Die Politische Ökonomie des Populismus*, Berlin: Suhrkamp 2018.

28 Ein Kritiker dieses Arguments wird sagen, hier bestätige sich einmal mehr Schmitts Diagnose des letztlich immer unpolitischen Liberalismus: Liberale, so Schmitt bekanntlich, würden entweder »ethisches Pathos« oder »materialistisch-ökonomische Sachlichkeit« ins Feld führen, das eigentlich Politische aber verfehlen; Carl Schmitt, *Der Begriff des Politischen*, Berlin: Duncker & Humblot 2002 [1932], S. 70.

29 Strenger, *Diese verdammten liberalen Eliten*, a. a. O., S. 129.

30 Wobei es linksliberale Pendants zu diesem Geschäftsmodell gibt (auch wenn der Inhalt bei Weitem nicht so verlogen – oder zum Teil auch schlicht gelogen – ist). Caspar Hirschi hat recht mit seiner Beobachtung: »Populisten und Mainstream-Medien leben, am ausgeprägtesten in den USA, in einer Polarisierungssymbiose. Indem sie aufeinander eindreschen, erhalten beide Seiten mehr Aufmerksamkeit und Einfluss.« (Hirschi, »Die Hasser und die Heuchler«, a. a. O.)

31 Insbesondere gibt es heute eine Absetzbewegung von dem, was integralistische Intellektuelle als »Konsens-Konservatismus« der Reagan-Ära kritisieren; siehe dazu das Manifest »Against the dead consensus« (21. März 2019), online verfügbar unter: {https://www.firstthings.com/web-exclusives/2019/03/against-the-dead-consensus}.

32 Ryszard Legutko, *The Demon in Democracy. Totalitarian Temptations in Free Societies*, aus dem Polnischen von Teresa Adelson, New York: Encounter 2016.
33 Deneen, *Why Liberalism Failed*, a. a. O., S. 16.
34 Der konkrete, vor dem Supreme Court verhandelte Fall Zubick v. Burwell betraf die Ordensgemeinschaft Little Sisters of the Poor. Kirchen sind aufgrund der Religionsfreiheit allgemein nicht an Gesetze wie den Affordable Care Act (Obamacare) gebunden; die entscheidende Frage war hier, ob Ausnahmen auch für andere religiöse Institutionen gelten sollten.
35 Diese Überbetonung von Kultur rührt wohl von einer Fixierung auf das her, was im 19. Jahrhundert in der Tat Kulturkämpfe waren: Man denke beispielsweise an die Konfrontation zwischen *l'Italia liberale* und *l'Italia cattolica*.
36 Im Original »Highest Good«, das über das ebenfalls erwähnte »Gemeinwohl« (*common good*) hinausgeht; siehe Sohrab Ahmari, »Against David French-ism«, in: *First Things* (29. Mai 2019), online verfügbar unter: {https://www.firstthings.com/web-exclusives/2019/05/against-david-french-ism}.
37 Jean-Claude Michéa, *L'empire du moindre mal: Essai sur la civilisation libérale*, Paris: Climat 2007.
38 Roger Kimball, »PC insanity may mean the end of American universities«, in: *New York Post* (31. Mai 2019), online verfügbar unter: {https://nypost.com/2019/05/31/pc-insanity-may-mean-the-end-of-american-universities/}. Auch Deneen befürwortet die Abschaffung zumindest der Geisteswissenschaften, auf Twitter kommentierte er Kimballs Vorschlag zustimmend mit »Ecrasez l'infame«; der Tweet ist online verfügbar unter: {https://twitter.com/PatrickDeneen/status/1134972681835732992}.
39 Hazony, *The Virtue of Nationalism*, a. a. O.

3. Shklars Karte

1 Siehe hierzu besonders Losurdo, *Freiheit als Privileg*, a. a. O.
2 Helena Rosenblatt, *The Lost History of Liberalism. From Ancient Rome to the Twenty-First Century*, Princeton: Princeton University Press 2018, S. 42.
3 Ebd, S. 47.
4 Die immer noch maßgebliche Studie zu diesen semantischen Verschiebungen ist Jörn Leonhards *Liberalismus. Zur historischen Semantik eines europäischen Deutungsmusters* (Berlin: De Gruyter 2001), der ich für diesen Essay viele Einsichten verdanke.
5 Albert O. Hirschman, *Leidenschaften und Interessen. Politische Begründungen des Kapitalismus vor seinem Sieg*, aus dem Englischen von Sabine Offe, Frankfurt am Main: Suhrkamp 1980.

6 Andreas Kalyvas/Ira Katznelson, *Liberal Beginnings*, New York: Cambridge University Press 2008.

7 Zit. n. Rosenblatt, *Lost History*, a. a. O., S. 56.

8 Rolf Vierhaus, »Liberalismus«, in: *Geschichtliche Grundbegriffe*, Bd. 3, herausgegeben von Reinhart Koselleck et al., Stuttgart: Klett-Cotta 1982, S. 741-785.

9 Oder auch als spanische: Der Ausdruck »Liberale« findet sich zum ersten Mal im Kontext der Auseinandersetzung um die 1812 in Cádiz verabschiedete spanische Verfassung, in der sich *liberales* und *serviles* gegenüberstanden; die Bezeichnung *liberales* war aber bereits eine Reaktion auf den französischen Gebrauch der *idées libérales*.

10 Schon der Brockhaus von 1817 lehrte, die liberalen Ideen zu bekämpfen heiße, die Vernunft selbst bekämpfen; siehe Vierhaus, »Liberalismus«, a. a. O., S. 755.

11 Görres, der einen »schreienden Liberalismus« kritisierte, zit. n. ebd., S. 758.

12 Pierre Rosanvallon, *Le Moment Guizot*, Paris: Gallimard 1985.

13 Zit. n. Vierhaus, »Liberalismus«, a. a. O., S. 763.

14 John Stuart Mill, *Über die Freiheit*, aus dem Englischen von Bruno Lemke, herausgegeben und mit einem Nachwort von Manfred Schlenke, Stuttgart: Reclam 1988 [1859], S. 17f.

15 Jennifer Pitts, *A Turn to Empire: The Rise of Liberal Imperialism in Britain and France*, Princeton: Princeton University Press 2006.

16 So konnte Mill denn auch nonchalant schreiben: »Der größere Teil der Welt hat keine Geschichte im eigentlichen Sinne, da die Tyrannei der Gewohnheit vollständig ist. Im ganzen Osten ist dies der Fall.« Und: »[E]s [das chinesische Volk, JWM] ist zum Stillstand gekommen, ist so geblieben seit Tausenden Jahren, und wenn es irgendwie weiterkommen sollte, so durch Hilfe der Fremden!« (*Über die Freiheit*, a. a. O., S. 97f., S. 99)

17 Bell, »What is liberalism?«, a. a. O.

18 Zit. n. Jens Hacke, *Existenzkrise der Demokratie. Zur politischen Theorie des Liberalismus in der Zwischenkriegszeit*, Berlin: Suhrkamp 2018, S. 272.

19 Er kann den Einzelnen aber durchaus bei der Gestaltung ihrer ganz unterschiedlichen Lebensplanungen unter die Arme greifen: So konzipierte der amerikanische Philosoph John Rawls in der Nachkriegszeit einen Liberalismus, in dem die Gemeinschaft den Einzelnen Grundgüter zur Verfügung stellt, die bei der Verwirklichung so gut wie aller Lebensentwürfe hilfreich sein dürften. Ein solcher »Ressourcen-Liberalismus« unterscheidet sich kategorial von neoliberalen Denkrichtungen. Deren Vertreter monierten, der Staat könne nicht Handlungsoptionen schaffen, ohne willkürlich vorzugehen. Schließlich beruhe jede kollektive Bereitstellung von Ressourcen auch auf einer Entscheidung über Werte, einer letztlich arbiträren Meinung darüber, was wichtig im Leben sei und was nicht. Und nur der Markt, eingerahmt von einem starken Staat, löse das Versprechen von Neutralität wirklich ein.

20 Andreas Hess, *The Political Theory of Judith N. Shklar. Exile from Exile*, New York: Palgrave 2014, S. 31.

21 Judith Shklar, »A life of learning«, in: *Liberalism without Illusions. Essays on Liberal Theory and the Vision of Judith N. Shklar*, herausgegeben von Bernard Yack, Chicago: University of Chicago Press 1996, S. 263-280.

22 Hess, *The Political Theory of Judith N. Shklar*, a. a. O., S. 47.

23 Shklar starb 1992 im Alter von nur 63 Jahren.

24 Laut dem Soziologen Andreas Hess war das Exil als Motivation und Motiv zentral für Shklars Denken; er attestiert ihr zudem eine Position »optimaler Marginalität«; siehe Hess, *The Political Theory of Judith N. Shklar*, a. a. O., S. 34. In der Tat lassen sich zumindest Teile (aber eben auch nur Teile) von Shklars Werk als Theorie aus der Perspektive der Geflüchteten verstehen.

25 Carl Joachim Friedrich, »The political thought of neo-liberalism«, in: *American Political Science Review* 49 (1955), S. 509-524.

26 Judith Shklar, *After Utopia. The Decline of Political Faith*, Princeton: Princeton University Press 1957, insbesondere S. 24 und S. 147.

27 Wichtige Anregungen verdanke ich in diesem Zusammenhang Samuel Moyn, »Before – and beyond – the liberalism of fear«, in: *Between Utopianism and Realism. The Political Thought of Judith Shklar*, herausgegeben von Samantha Ashenden und Andreas Hess, Philadelphia: University of Pennsylvania Press (im Erscheinen).

28 Shklar, *Der Liberalismus der Furcht*, a. a. O., S. 26.

29 Judith N. Shklar, *The Bill of Rights and the Liberal Tradition*, Colorado Springs: Colorado College 1992. Vor allem Hayek war hier die Zielscheibe von Shklars Kritik.

30 Versuche, die Shklars Gedanken aufgriffen, aber nicht misanthropisch anmuteten, haben Richard Rorty – der auch immer »stories of progress« erzählen wollte – und Avishai Margalit unternommen.

31 Deswegen, so ließe sich hinzufügen, war dieser Liberalismus auch politisch, nicht metaphysisch – um eine fast sprichwörtlich (zumindest in der politischen Theorie) gewordene Formulierung von John Rawls zu verwenden.

32 Axel Honneth, »Die Historizität von Furcht und Verletzung. Sozialdemokratische Züge im Denken von Judith Shklar«, in: *Vivisektionen eines Zeitalters: Porträts zur Ideengeschichte des zwanzigsten Jahrhunderts*, Berlin: Suhrkamp 2014, S. 248-262, S. 255.

33 Zur Rolle dichter Beschreibungen für Shklars Ansatz siehe meinen Essay »Fear, favor and freedom: Judith Shklar's liberalism of fear revisited«, in: *Freedom and its Enemies: The Tragedy of Liberty*, herausgegeben von Renáta Uitz, Den Haag: Eleven 2015, S. 39-56, sowie allgemeiner Carolin Emcke, *Ja heißt ja und …*, Frankfurt am Main: S. Fischer 2019; vgl. zu historischen Wandlungen von Furcht *Facing Fear. The History of an Emotion in Global Perspective*, herausgegeben von Michael Laffan und Max Weiss, Princeton: Princeton University Press 2012.

34 Rae Langton, »Speech acts and unspeakable acts«, in: *Philosophy & Public Affairs* 22/4 (1993), S. 292-330. Unter Verweis auf die Sprechakttheorie von John Austin bezeichnet Langton diese Fälle als »illocutionary disablement«. Fälle, in denen Frauen ein Nein aussprechen, das als ein Ja verstanden wird, sind laut Langton ein weiteres Beispiel.

35 Siehe auch Joan W. Scott, »The evidence of experience«, in: *Critical Inquiry* 17/4 (1991), S. 773-797, die vor einer Verabsolutierung von Erfahrung warnt.

36 Ich danke Hannes Bajohr für wichtige Hinweise in diesem Zusammenhang.

37 Unterscheidungen zwischen Furcht und Angst haben eine lange philosophische Tradition. Die Vorstellung, dass Furcht sich auf eine bestimmte Bedrohung bezieht, ist reichlich konventionell, und normativ folgt daraus noch nichts eindeutig. Heidegger sah sie als »an die ›Welt‹ verfallene, uneigentliche und ihr selbst als solche verborgene Angst«. Angst hingegen, die eben nicht auf vermeintlich oberflächliche gesellschaftliche Phänomene fixiert ist, weist Heideggers Ansicht nach einen Weg in die Authentizität; Martin Heidegger, *Sein und Zeit*, Tübingen: Niemeyer 1967 [1927], S. 189.

38 Honneth, »Die Historizität von Furcht und Verletzung«, a.a.O.

39 Dass man sich in Deutschland mit diesem Prinzip oft schwertut, zeigen viele der Debatten um das Allgemeine Gleichbehandlungsgesetz von 2006; zu deutschen Defiziten in dieser Hinsicht siehe Michael Wrase, »Anti-discrimination law and legal culture in Germany«, in: *Anti-Discrimination Law in Civil Law Jurisdictions*, herausgegeben von Barbara Havelková und Mathias Möschel, Oxford: Oxford University Press (im Erscheinen).

40 Dank an Karsten Fischer für Hinweise in diesem Zusammenhang.

41 Allerdings ist auch Schlink etwas voreilig mit der Angleichung von »Niederlage« und »Unterdrückung« – und kommt dann einer Position nahe, von der aus nicht nur den Besiegten, die sich beleidigt im Unrecht einrichten, sondern auch den Opfern nahegelegt wird, sich doch bitte erst mal richtig anzustrengen und etwas aus ihren Erfahrungen zu lernen; siehe Schlink, »Der Preis der Gerechtigkeit«, a.a.O.

42 In *Ordinary Vices* hatte Shklar zudem argumentiert, die Verwandlung von Helden in Händler durch den *doux commerce*, also den süßen (oder gutartigen) Handel, habe zu einer enormen Reduktion von Grausamkeit geführt. Ihre Interpreten haben jedoch schon lange die weiteren Möglichkeiten eines Liberalismus der Furcht gesehen; so schrieb beispielsweise Bernard Williams: »[D]er Liberalismus der Furcht ist nicht auf das Aussprechen von Warnungen und Erinnerungen begrenzt. Wenn grundlegende Freiheiten einmal gesichert und elementare Ängste besänftigt sind, wird sich die Aufmerksamkeit des Liberalismus der Furcht auf andere, anspruchsvollere Konzeptionen von Freiheit, andere Formen der Furcht und andere Weisen richten, in der die Asymmetrien der Macht und der Machtlosigkeit sich zuungunsten der Letzteren auswirken. Es gäbe viel dazu zu sagen, wie diese Prozesse der Ausdehnung und der inhaltlichen Verfeine-

rung funktionieren sollten.« (Bernard Williams, »The liberalism of fear«, in: ders., *In the Beginning Was the Deed. Realism and Moralism in Political Argument*, herausgegeben von Geoffrey Hawthorn, Princeton: Princeton University Press 2009, S. 52-61)

43 Anderson, *Private Regierung*, a. a. O.

44 Vgl. z. B. Robert Booth, »DPD courier who was fined for day off to see doctor dies from diabetes«, in: *The Guardian* (5. Februar 2018), online verfügbar unter: {https://www.theguardian.com/business/2018/feb/05/courier-who-was-fined-for-day-off-to-see-doctor-dies-from-diabetes}.

45 Ebd., S. 25.

46 Für eine für Deutschland besonders relevante Diskussion, die auch »privates Regieren« mit einbezieht, siehe Heinz Bude, *Die Angstgesellschaft*, Hamburg: Hamburger Edition, 2014.

47 Ich danke Hannes Bajohr für wichtige Hinweise in diesem Zusammenhang.

48 Ich danke Jean Cohen für diesen in der Auseinandersetzung mit Carl Schmitts Denken gewonnenen Gedanken.

49 Siehe – immer noch primär – Jürgen Habermas, *Faktizität und Geltung*, Frankfurt am Main: Suhrkamp 1992; siehe zu dem Argument, dass Freiheiten nur durch die Ausübung politischer Grundrechte gesichert werden können, Philip Pettit, *On the People's Terms*, Cambridge: Cambridge University Press 2012.

50 Ein relativ undramatisches Beispiel: Der Oberste Gerichtshof der USA entschied, dass die Polizei in Newark, New Jersey, das Grundrecht auf Religionsfreiheit verletzt habe, weil sie es zwar Männern mit Rasurbrand (*pseudofolliculitis barbae*) erlaubte, im Dienst Bart zu tragen, Muslimen aber nicht. Man könne alle Bärte verbieten, um ein einheitliches Aussehen sicherzustellen, aber wenn man Ausnahmen für grundsätzlich zulässig halte, könne man dies Gruppen mit berechtigten Gründen – in diesem Fall religiösen Überzeugungen – nicht verweigern. Ebenso kann man alle religiösen Symbole in der Schule verbieten oder keine – was man nicht darf, ist einen selektiven Verdacht gegen »Kopftuchmädchen« in Gesetzesform bringen; siehe dazu auch die Argumente von Alan Patten, der in seinem Aufsatz »The normative logic of religious liberty« (in: *Journal of Political Philosophy* 25/2 [2017], S. 129-154) ein Prinzip der »fair opportunity« entwickelt.

51 Christian Lindner, *Schattenjahre. Die Rückkehr des politischen Liberalismus*, Stuttgart: Klett-Cotta 2017, S. 118. Marquards Ausdruck erinnert stark an Adornos in *Minima Moralia* artikulierte Sehnsucht nach einem Zustand, in dem man ohne Angst verschieden sein kann.

52 Christoph Möllers, »Wir, die Bürger(lichen)«, in: *Merkur* 71/818, S. 5-16, online verfügbar unter: {https://www.zeit.de/kultur/2017-06/demokratie-parteien-politik-rechtsextremismus}.

1 Die Unterscheidung zwischen Hetze und demokratischer Debatte ist im Zusammenhang mit Einwanderung natürlich nicht immer so leicht zu treffen. Donald Trump behauptet ja auch nie, *alle* Mexikaner seien schlechte Menschen – das sind nur die »Vergewaltiger« und die »Drogendealer«, die laut Trump in die USA »geschickt« würden.

2 Wichtige Argumente, über die man sich in einer demokratischen Debatte streiten kann, bieten beispielsweise David Miller, *Fremde in unserer Mitte. Politische Philosophie der Einwanderung*, aus dem Englischen von Frank Lachmann, Berlin: Suhrkamp 2017, oder Paul Bou-Habib, »The case for replacement migration«, in: *Journal of Political Philosophy* 27/1 (2019), S. 67-86.

3 Andere Parteien können dann wiederum mit einem »Kriterienkatalog«, wie in Österreich angedacht, ihre Vorbedingungen für Koalitionen festzurren.

4 Siehe hierzu die hervorragende Studie Yochai Benkler/Robert Faris/Hal Roberts, *Network Propaganda: Manipulation, Disinformation, and Radicalization in American Politics*, New York: Oxford University Press 2018.

5 Das Versprechen von Trump und beispielsweise auch Jair Bolsonaro besteht offensichtlich darin, Hierarchien, die sich abgeschliffen haben – ob nun innerhalb von Familien oder zwischen ethnischen Gruppen –, nachzuschärfen.

6 Man denke an Henriette Reker, Jo Cox und Walter Lübcke.

7 Dylan Matthews, »Donald Trump, the family separation crisis, and the triumph of cruelty«, in: *Vox* (19. Juni 2018), online verfügbar unter: {https://www.vox.com/2017/1/28/14425354/donald-trump-cruelty}; siehe auch Seth Harp, »I'm a journalist but I didn't fully realize the terrible power of U.S. Border Officials until they violated my rights and privacy«, in: *The Intercept* (22. Juni 2019), online verfügbar unter: {https://theintercept.com/2019/06/22/cbp-border-searches-journalists/}; A.C. Thompson, »Inside the secret Border Patrol Facebook group where agents joke about migrant deaths and post sexist memes«, in: *Pro Publica* (1. Juli 2019), online verfügbar unter: {https://www.propublica.org/article/secret-border-patrol-facebook-group-agents-joke-about-migrant-deaths-post-sexist-memes}.

8 Ich danke Nina Horaczek für Hinweise in diesem Zusammenhang.

9 Gleichzeitig reüssierte die Kampagne mit einem Appell an den Anstand, also das, was George Orwell »common decency« nannte. Besonders effektiv war offenbar der Aufruf einer Holocaustüberlebenden, Gertrude Pressburger, die leidenschaftlich eine Rhetorik kritisierte, die »nur das Niedrigste aus den Leuten herausholt, nicht das Anständige«.

10 Siehe die Studie »Partisanship, propaganda, and disinformation« von Yochai Benkler et al., online verfügbar unter: {https://cyber.harvard.edu/publications/2017/08/mediacloud}.

11 Was nicht heißen soll, dass hier existierende Rechte einfach mechanisch ausgeweitet werden sollen; was Antidiskriminierung im Einzelnen bedeutet, muss ebenfalls immer wieder neu reflektiert werden.

12 Kimberlé Crenshaw, »Demarginalizing the intersection of race and sex. A black feminist critique of antidiscrimination doctrine, feminist theory and antiracist politics«, in: *University of Chicago Legal Forum* 1 (1989), online verfügbar unter: {https://chicagounbound.uchicago.edu/cgi/viewcontent.cgi?article=1052&context=uclf}.

13 Mit Dank an Hannes Bajohr.

14 Ausgenommen – das ist ein recht banaler Punkt – ein Grundkonsens über das demokratische System.

15 Das berühmte Manifest des Kollektivs aus dem Jahr 1977, ein sehr frühes Beispiel für die Verwendung des Begriffs »identity politics«, ist online verfügbar unter: {http://circuitous.org/scraps/combahee.html}.

16 Silke van Dyk, »Identitätspolitik gegen ihre Kritik gelesen: Für einen rebellischen Universalismus«, in: *Aus Politik und Zeitgeschichte* 69/9-11 (2019), S. 25-32, online verfügbar unter: {http://www.bpb.de/apuz/286508/identitaetspolitik-gegen-ihre-kritik-gelesen-fuer-einen-rebellischen-universalismus?p=all}.

17 Man kann das eigentlich alles seit Gramsci wissen … Nur wollen es offenbar einige linke Theoretiker heute nicht mehr wissen, weil es der Gegnerschaft zur Identitätspolitik den Boden entziehen und sichtbar machen würde, dass man kein positives Fundament für eine andere Politik hat.

18 Adam Gopnik, *A Thousand Small Sanities. The Moral Adventure of Liberalism*, New York: Basic Books 2019, S. 169.

19 Isaiah Berlin, *Enlightening. Letters 1946-1960*, herausgegeben von Henry Hardy und Jennifer Holmes, mit Unterstützung von Serena Moore London: Chatto & Windus 2009, S. 352.

20 Was nicht heißen soll, dass Einbürgerungstests notwendigerweise illegitim wären.

21 Clintons Rede ist online verfügbar unter: {https://www.law.ox.ac.uk/sites/files/oxlaw/field/field_document/keynote_speech_by_secretary_hillary_clinton_20181009.pdf} (Stand Juli 2019).

22 Fareed Zakaria, »The rise of illiberal democracy«, in: *Foreign Affairs* 76/6 (November/Dezember 1997), S. 22-43.

23 Zit. n. Andrew Farrant/Edward McPhail/Sebastian Berger, »Preventing the ›abuses‹ of democracy: Hayek, the ›military usurper‹ and transitional dictatorship in Chile?«, in: *American Journal of Economics and Sociology* 71/3 (2012), S. 513-538, S. 513.

24 Adam Przeworski, *Democracy and the Market*, New York: Cambridge 1991.

25 Siehe auch das wichtige Buch von Josiah Ober, der theoretisch (und historisch) Liberalismus von Demokratie trennen will – aber bestimmte Grundrechte eindeutig der Demokratie zuordnet und nicht pauschal dem Libera-

lismus; Josiah Ober, *Demopolis: Democracy Before Liberalism in Theory and Practice*, New York: Cambridge University Press 2017.

26 Larry Diamond, »Facing up to the democratic recession«, in: *Journal of Democracy* 26/1 (2015), S. 141-155.

27 China ist das offensichtliche Gegenbeispiel. Nur wurden dort zeitweise – vor den autoritären Verschärfungen eines Xi Jinping – auch Ansprüche formuliert, demokratische Grundwerte überzeugender zu verwirklichen als in den dysfunktionalen politischen Systemen des Westens.

28 Zit. n. Patrick Kingsley, »On the surface, Hungary is a democracy. But what lies underneath?«, in: *New York Times* (26. Dezember 2018), online verfügbar unter: {https://www.nytimes.com/2018/12/25/world/europe/hungary-democracy-orban.html}.

29 Adrian Vermeule, »Liturgy of liberalism«, in: *First Things* (Januar 2017), online verfügbar unter: {https://www.firstthings.com/article/2017/01/liturgy-of-liberalism}.

30 Siehe auch Frank Furedi, *Populism and the European Culture Wars: The Conflict of Values between Hungary and the EU*, New York: Routledge 2018. Furedi behauptet, Ungarns »illiberale Demokratie« entspreche einem Konservatismus à la Edmund Burke.

31 Bei Migration sei das allerdings der Fall, mag man einwenden. Hier gilt es, zu differenzieren: Die EU hat sich (bisher erfolglos) an einer »Umverteilung« von Flüchtlingen versucht, sie hat jedoch keine gemeinsame Asyl- und schon gar keine gemeinsame Einwanderungspolitik entwickelt.

32 Cas Mudde, »The problem with liberalism«, in: *The Guardian* (17. Februar 2015), online verfügbar unter: {https://www.theguardian.com/commentisfree/2015/feb/17/problem-populism-syriza-podemos-dark-side-europe}.

33 Kim Lane Scheppele, »The rule of law and the Frankenstate: Why governance checklists do not work«, in: *Governance* 26/4 (2013), S. 559-562.

34 Jeremy Waldron, »Safety and security«, in: *Nebraska Law Review* 85 (2006), S. 454-507, S. 468f.

35 Josef Isensee, *Das Grundrecht auf Sicherheit. Zu den Schutzpflichten des freiheitlichen Verfassungsstaates*, Berlin: De Gruyter, 1982. Der Politiker war Hans-Peter Friedrich.

36 Einmal mehr ist hier der Gegensatz von Furcht vor etwas Bestimmtem – also einem Gefühl, wenngleich einem mit kognitiven Voraussetzungen – und einer diffusen, an nichts Konkretem festzumachender Angst wichtig; siehe zu einer falschen Unterscheidung zwischen Gefühlen auf der einen und mehr oder weniger rationalen Gründen auf der anderen Seite auch Jon Elster, *Alchemies of the Mind: Rationality and the Emotions*, Cambridge: Cambridge University Press 1999.

37 Siehe Robert E. Goodin/ Frank Jackson, »Freedom from fear«, in: *Philosophy and Public Affairs* 35/3 (2007), S. 249-265, sowie die Erwiderung von Philip Pettit, »Freedom and probability: A comment on Goodin and Jackson«, in: *Philosophy and Public Affairs* 36/2 (2008), S. 206-220.

38 Das Beispiel ist von Charles Taylor inspiriert; vgl. seinen Aufsatz »Der Irrtum der negativen Freiheit«, in: Charles Taylor, *Negative Freiheit? Zur Kritik des neuzeitlichen Individualismus*, aus dem Englischen von Hermann Kocyba, Frankfurt am Main: Suhrkamp 1992 [1985], S. 118-144, S. 128.

39 Lepsius zeigt zudem, dass sich die Idee einer staatlichen Schutzpflicht, die sich dann konkret gegen Freiheitsrechte abwägen lässt, aus der bundesrepublikanischen Debatte um das Abtreibungsrecht ergeben hat: Das Ungeborene hat kein allgemeines Freiheitsrecht, der Staat ist ihm gegenüber aber zu Schutz verpflichtet; siehe Oliver Lepsius, »Das Verhältnis von Sicherheit und Freiheitsrechten in der Bundesrepublik Deutschland nach dem 11. September 2001«, online verfügbar unter: {http://webdoc.sub.gwdg.de/ebook/lf/2003/aicgs/publications/PDF/lepsius.pdf}.

40 Ich lasse hier die Frage beiseite, ob kollektive Sicherheit gegen individuelle Sicherheit ausgespielt werden darf, so wie dies Verfechter von Folter unter bestimmten Umständen tun.

41 Jeremy Waldron, »Liberty and security: The image of balance«, in: *Journal of Political Philosophy* 11/2 (2003), S. 191-210.

42 Wobei, wie Jeremy Waldron angemerkt hat, Hobbes an keiner Stelle einen präzisen Begriff von Sicherheit herausgearbeitet hat; vgl. Waldron, »Safety and security«, a. a. O.

43 Auch wenn die Europäische Menschenrechtskonvention dies suggeriert und in Straßburg schon Urteile im Namen dieses Rechts auf Sicherheit ergangen sind; siehe Sebastian Leuschner, »Es ist wieder da: Der EuGH bestätigt das Grundrecht auf Sicherheit«, in: *Verfassungsblog* (22. Februar 2016), online verfügbar unter: {https://verfassungsblog.de/es-ist-wieder-da-der-eugh-bestaetigt-das-grundrecht-auf-sicherheit/}.

44 Einige wollen sich in lokale Gemeinschaften zurückziehen, bleiben damit aber der Toleranz des liberalen Staates ausgeliefert. Interessanter argumentiert hier Vermeule, seines Zeichens auch Spezialist für Verwaltungsrecht: Man müsse einen langen (leisen) Marsch durch die Institutionen antreten – und dann den Liberalismus von innen zerstören; Adrian Vermeule, »Integration from within«, in: *American Affairs* 2/1 (2018), online verfügbar unter: {https://americanaffairsjournal.org/2018/02/integration-from-within/}.

45 Identitäre, ist man versucht zu sagen, müssen das, was sie bekämpfen, immer zugleich vereindeutigen.

46 Solche Aufforderungen, dieses oder jenes auszuhalten, sind natürlich immer wohlfeil: *Wer* genau soll da irgendetwas aushalten?

47 Die Zuschreibung des Zitats ist umstritten; der Antiliberale ist Vermeule; siehe auch Louis Veuillot, *L'illusion libéral*, Paris: Palmé 1866.

Schluss, nicht am Ziel

1 Raymond Geuss, *A World without Why*, Princeton: Princeton University Press 2014, S. 184.
2 Siehe Arjun Appadurai, *Die Geographie des Zorns*, aus dem Englischen von Bettina Engels, Frankfurt am Main: Suhrkamp 2009.
3 Siehe die beiden Aufsätze von Katrina Forrester, »Judith Shklar, Bernard Williams and political realism« (in: *European Journal of Political Theory* 11/3 [2012] S. 247-272) sowie »Hope and memory in the thought of Judith Shklar« (in: *Modern Intellectual History* 8/3 [2011], S. 591-620).

Danksagung

Dieser Essay basiert teilweise auf umfassenden Vorstudien zum Liberalismus des Kalten Krieges. Im Zusammenhang mit diesen danke ich Serge Audier, Jean-Claude Casanova, Jean Floud (†), Michael Freeden, Henry Hardy, Pierre Hassner (†), Mark Lilla, Paul Magnette, Pierre Manent und Alan Ryan. Meine Recherchen am Centre Raymond Aron wurden vom DAAD unterstützt, dessen Mitarbeitern in Paris ich besonders zu Dank verpflichtet bin. Herzlichen Dank auch an Elisabeth Dutartre-Michaut, die mir sehr bei der Erkundung der Archives Raymond Aron an der EHESS behilflich war.

Tony Judt hat gegen Ende seines Lebens eine Art »social democracy of fear« formuliert. Seinen Anregungen – und seiner Art, Politik zu verstehen und darüber zu schreiben – verdankt dieser Essay viel.

Teile des Manuskripts wurden von Hubertus Breuer, Karsten Fischer, Anna-Bettina Kaiser, Sam Moyn und insbesondere Heidrun Müller kommentiert, wofür ich ihnen sehr verbunden bin. Gary Bass, Andreas Hess und George Kateb gaben mir wichtige Hinweise zu Judith Shklar. Hannes Bajohr verdient besondere Erwähnung. Er half sehr großzügig bei dem Kapitel zu Shklar; seine Kommentierung von Shklars Denken sowie seine kluge Zusammenstellung ihrer Texte in den deutschen Ausgaben haben ganz neue Perspektiven nicht nur auf Shklars Liberalismus eröffnet.

Wie immer stehe ich in der Schuld von Erika A. Kiss, die mein Nachdenken über Liberalismus mit Leidenschaft und Skepsis begleitet hat. André, Marko und Sophie haben die schwierigsten – also die besten – Fragen gestellt.

Ich bin Heinrich Geiselberger einmal mehr zu großem Dank verpflichtet: Für sehr, sehr, sehr viel mehr Geduld mit einem Autor, als man legitimerweise erwarten darf, sowie für eine sorgfältige Lektüre des Manuskripts und eine geistesgegenwärtige Auseinandersetzung mit seinen Thesen.

Vorüberlegungen, die in diesen Essay eingeflossen sind, finden sich in meinen Artikeln »Beschädigte Demokratie« (in: *Frankfurter Allgemeine Zeitung* [24. September 2018], S. 6) sowie »Liberale gegen Populisten?« (in: *Merkur* 6/841 [Juni 2019], S. 5-15).

Danken möchte ich auch dem Department of Politics sowie dem Center for Human Values der Universität Princeton, die meine Arbeit auf vielfältige Weise unterstützt haben.

Beirut, 4. Juli 2019

edition suhrkamp
Eine Auswahl

Bini Adamczak. Beziehungsweise Revolution. 1917, 1968 und kommende. es 2721. 313 Seiten

Bruno Amable / Stefano Palombarini. Von Mitterrand zu Macron. Über den Kollaps des französischen Parteiensystems. es 2727. 255 Seiten

Perry Anderson. Hegemonie. Konjunkturen eines Begriffs. es 2724. 249 Seiten

Zygmunt Bauman. Retrotopia. es-Sonderdruck. 220 Seiten

Colin Crouch
- Gig Economy. Prekäre Arbeit im Zeitalter von Uber, Minijobs & Co. es 2742. 135 Seiten
- Postdemokratie. es 2540. 159 Seiten

Didier Eribon
- Gesellschaft als Urteil. Klassen, Identitäten, Wege. es-Sonderdruck. 264 Seiten
- Rückkehr nach Reims. es-Sonderdruck. 237 Seiten

Heinrich Geiselberger (Hg.). Die große Regression. Eine internationale Debatte über die geistige Situation der Zeit. es-Sonderdruck. 318 Seiten

Jürgen Habermas. Im Sog der Technokratie. Kleine politische Schriften XII. es 2671. 193 Seiten

David Harvey. Rebellische Städte. es 2657. 283 Seiten

NF 383/1/9.19

NF 383/2/9.19

Oliver Nachtwey. Die Abstiegsgesellschaft. Über das Aufbegehren in der regressiven Moderne. es 2682. 263 Seiten

Volker Perthes. Das Ende des Nahen Ostens, wie wir ihn kennen. es-Sonderdruck. 143 Seiten

Hanno Rauterberg. Wie frei ist die Kunst? Der neue Kulturkampf und die Krise des Liberalismus. es 2725. 141 Seiten

César Rendueles. Kanaillen-Kapitalismus. Eine literarische Reise durch die Geschichte der freien Marktwirtschaft. es 2737. 300 Seiten

Michel Serres
- Erfindet euch neu! Eine Liebeserklärung an die vernetzte Generation. es-Sonderdruck. 76 Seiten
- Was genau war früher besser? Ein optimistischer Wutanfall. es-Sonderdruck. 80 Seiten

Philipp Staab. Digitaler Kapitalismus. Markt und Herrschaft in der Ökonomie der Unknappheit. es-Sonderdruck. 344 Seiten

Carlo Strenger. Diese verdammten liberalen Eliten. Wer sie sind und warum wir sie brauchen. es-Sonderdruck. 103 Seiten

Philipp Ther. Das andere Ende der Geschichte. Über die Große Transformation. es 2744. 199 Seiten

David Van Reybrouck. Zink. es-Sonderdruck. 86 Seiten

Gabriel Zucman. Steueroasen. Wo der Wohlstand der Nationen versteckt wird. es-Sonderdruck. 118 Seiten

NF 383/3/9.19